Schweizer/Prekop Was unsere Kinder unruhig macht ...

Dr. med. Christel Schweizer
Dr. phil. Jirina Prekop

Was unsere Kinder unruhig macht . . .

Ein Elternratgeber

Aufklärung über Ursachen der Hyperaktivität

Empfehlungen zur Förderung der normalen Entwicklung

TRIAS

Anschrift der Autorinnen:
Dr. med. Christel Schweizer
Olgahospital
Sozialpädiatrisches Zentrum
Bismarckstraße 8
70176 Stuttgart

Dr. phil. Jirina Prekop
Lehrinstitut der Gesellschaft zur
Förderung des Festhaltens als
Lebensform und Therapie e. V.
88319 Aitrach

Umschlaggestaltung:
Cyclus · D+P Loenicker, Stuttgart

Textzeichnungen:
Karin Räderscheidt, Ludwigsburg
(Abb. 3+4)

*Die Deutsche Bibliothek –
CIP-Einheitsaufnahme*

Schweizer, Christel:
Was unsere Kinder unruhig macht... :
ein Elternratgeber ; Aufklärung über
Ursachen der Hyperaktivität ;
Empfehlungen zur Förderung der normalen Entwicklung / Christel Schweizer ;
Jirina Prekop – 2. Aufl. – Stuttgart :
TRIAS – Thieme Hippokrates Enke, 1997
NE: Prekop, Jirina

Wichtiger Hinweis:
Wie jede Wissenschaft ist die Medizin ständigen Entwicklungen unterworfen. Forschung und klinische Erfahrung erweitern unsere Erkenntnisse, insbesondere was Behandlung und medikamentöse Therapie anbelangt. Soweit in diesem Werk eine Dosierung oder eine Applikation erwähnt wird, darf der Leser zwar darauf vertrauen, daß Autoren, Herausgeber und Verlag große Sorgfalt darauf verwandt haben, daß diese Angabe dem Wissensstand bei Fertigstellung des Werkes entspricht.
Für Angaben über Dosierungsanweisungen und Applikationsformen kann vom Verlag jedoch keine Gewähr übernommen werden. Jeder Benutzer ist angehalten, durch sorgfältige Prüfung der Beipackzettel der verwendeten Präparate und gegebenenfalls nach Konsultation eines Spezialisten festzustellen, ob die dort gegebene Empfehlung für Dosierungen oder die Beachtung von Kontraindikationen gegenüber der Angabe in diesem Buch abweicht. Eine solche Prüfung ist besonders wichtig bei selten verwendeten Präparaten oder solchen, die neu auf den Markt gebracht worden sind. Jede Dosierung oder Applikation erfolgt auf eigene Gefahr des Benutzers. Autoren und Verlag appellieren an jeden Benutzer, ihm etwa auffallende Ungenauigkeiten dem Verlag mitzuteilen.

Gedruckt auf chlorfrei
gebleichtem Papier

Satz und Druck:
Druckhaus Götz GmbH,
71636 Ludwigsburg
(CCS Textline, Linotronic 630)

ISBN 3-89373-384-1 1 2 3 4 5 6

Zu diesem Buch 7

Verschiedene Bezeichnungen für dieselbe Diagnose? 9

Minimale cerebrale Dysfunktion (MCD) 9

Hyperaktivität (HA), hyperkinetisches Syndrom (HKS) und Aufmerksamkeitsdefizitsyndrom (ADS) 11

»Der kleine Tyrann« 13

Die Entwicklung der Bewegungssteuerung aus der Sicht der Autoren 14

Das neurophysiologische Modell 16

Das entwicklungspsychologische Modell 18

Das tiefenpsychologische Modell 28

Das verhaltensbiologische/anthropologische Modell 32

Krankhafte Erscheinungsformen der kindlichen Unruhe 33

Fallbeispiele: Suche nach der Ursache der Unruhe 34

Die verkürzte Schwangerschaft 34

Die komplizierte Schwangerschaft 38

Gestörte Beziehungen 39

Verlust von übersichtlichen Strukturen in der beginnenden Phase der kombinierenden Verarbeitung 43

Der dekompensierte Erstgeborene 45

Kind geschiedener Eltern 46

Organische Ursachen 47

Die komplexe Situation 51

Zusammenfassung der Störungssymptomatik der Hyperaktivität 60

Wie die Autoren das Problem anpacken wollen 62

Die Entstehung der Unruhe 68
In der Schwangerschaft 68
Bei Frühgeburt 69
Nach der Geburt 70
Stufe der intermodalen Verarbeitung 72
Auf der Stufe der schematisierenden Verarbeitung 72
Auf der Stufe des zielgerichteten Handelns, des ersten kombinierenden Denkens 76

Wie beugt man der Hyperaktivität vor? 78

Wie entsteht Geborgenheit? 79

Zusammenfassung der Grundsätze zur Vorbeugung hyperaktiven Verhaltens 87

Noch etwas: 88

Die Behandlung der kindlichen Unruhe 89

Voraussetzungen für die Festlegung einer Behandlung 89
Die Anamnese 90
Die Untersuchung des Kindes umfaßt dann 91
Elternarbeit 92

Regeln im Alltag 97
Die Außenwelt 98
Die Innenwelt 102
Zielgerichtete Aktivitäten 104
Vorsätze für den Tag, wenn sie ein hyperaktives Kind haben 110
Therapeutische Aktivitäten im engeren Sinn 110

Fremdwörterverzeichnis 116

Sachverzeichnis 120

Zu diesem Buch

*»Dieser Zappelphilipp ist wirklich unerträglich!
Nie bleibt er auf dem Stuhl sitzen, stets springt er umher und erzeugt Unruhe, wo immer er auch auftaucht. Vergeblich haben wir gehofft, daß er im Kindergarten Sitzfleisch erwirbt. Aber nicht einmal seiner alten und erfahrenen Kindergärtnerin gelang es, ihn zu bändigen. Zu viele Wirbelwinde waren in der Gruppe, schlimmere noch als er. Die Kindergärtnerin war es, die uns riet, uns mit unseren Sorgen um unseren Zappelphilipp an die Erziehungsberatungsstelle zu wenden – oder an einen Psychologen oder den Kinderarzt.«*

So – oder so ähnlich begründen uns die Eltern den Anlaß, warum sie ihr kraftstrotzendes Kind in einer unserer Sprechstunden vorstellen. Und die Eltern, die sich an uns wenden, stecken jedesmal schon tief in dem Teufelskreis von gegenseitiger Ansteckung der Unruhe und Aneinanderaufschaukelns des Gereiztseins.

Das Problem des unruhigen Kindes wird in unseren Sprechstunden immer häufiger. Wir haben den Eindruck, daß es in den letzten 15 Jahren explosionsartig zunimmt. Aber nicht nur wir haben diesen Eindruck. In gleicher Weise äußern sich Erzieher und Lehrer, und sie leiden nicht weniger als die Eltern und fühlen sich nicht weniger ohnmächtig als die Eltern.

Die Kinder haben sich verändert! Oder hat sich die Kindheit verändert? Ist die Umwelt vielleicht kinderfeindlicher geworden? Müßte das System in der Schule verändert werden? Oder schon die Kindergartenerziehung? Was ist eigentlich los mit den Kindern von heute? – Ganze Kongresse tagen zu diesem Thema. Eines ist sicher: auch die Kinder leiden – sie wohl am allermeisten.

Nachdem es uns in den meisten Fällen gelang, zur Beruhigung beizutragen, haben wir die Unruhe der Kinder allmählich verstanden, und so trauen wir uns, unsere Erfahrung weiterzugeben. Vor allem wenden wir uns an die Eltern – an *alle* Eltern, nicht nur die betroffenen –, auch an solche, die es noch werden wollen. Den betroffenen Eltern wollen wir zur Freude an dem Kind zurückverhelfen (und dem Kind zur Freude an den Eltern und an sich selbst). Den werdenden Eltern wollen wir – vorbeugend – leidvolle Erfahrungen ersparen. Wir wollen aber auch allen, die mit Kindern beruflich zu tun haben (Pädagogen, Psychologen, Ärzte, usw.), etwas an die Hand geben, was das Unheimliche der kindlichen Unruhe faßbar und die wirksame Hilfe erreichbar macht. Unser Beitrag – aus der Praxis geschöpft – soll nicht zur Verwissenschaftlichung des Themas beitragen, doch würde es uns freuen, wenn unser Arbeitsansatz von den Wissenschaftlern zur Prüfung aufgenommen würde.

Dr. Christel Schweizer, Kinderärztin
Dr. Jirina Prekop, Dipl.-Psychologin

Verschiedene Bezeichnungen für dieselbe Diagnose?

Die Eltern, die mit ihren Kindern zu uns kommen, bringen meist die fertige Diagnose mit: Hyperaktivität, hyperkinetisches Syndrom, minimale cerebrale Dysfunktion... oder auch nur die computergerechten Diagnoseverschlüsselungen ADS, HKS, MCD, SI oder Kürzelkombinationen wie HA und MCD. In der Schweiz steht dafür POS (psycho-organisches Syndrom). Das verstümmelte Fachlatein hat oft schon Eingang gefunden in den Sprachgebrauch der Eltern: »Wir haben ein ADS-, MCD-, ein POS-Kind – unser Kind ist HA...«

Aha! – so kurz die Etikettierung des Leidens geworden ist, so maßlos ist die Angst davor und die Angst vor Bestätigung der Vermutungsdiagnose. In den Eltern gewinnen Bilder von Behinderung über die Psychiatrie bis hin zur Kriminalität und Drogenabhängigkeit plötzlich schreckliche Ausmaße. Tatsächlich werden heute viele von Unruhe betroffene Kinder auf Medikamente eingestellt, die unter das Betäubungsmittel- (und damit unter das Drogen-)Gesetz fallen. Und auch der Begriff des »kleinen Tyrannen« spukt bei den Eltern herum (er tut das aber auch bei den Fachleuten). Die Verwirrung und Verunsicherung unter den Eltern ist tatsächlich groß und das Studium der vorhandenen Fachliteratur macht sie selten kleiner!

Bemühen wir uns also um eine Begriffserklärung, indem wir die Dinge auseinanderhalten!

Minimale cerebrale Dysfunktion (MCD)*

Der Begriff deckt sich weitgehend mit dem Begriff des POS. Man versteht darunter eine *Ausreifungsstörung des kindlichen Gehirns*, die sich darin zeigt, daß die für bestimmte Fähigkeiten verantwortlichen Hirnzellverbände nicht altersgerecht heranreifen und ihre Verknüpfung untereinander nur unzureichend und lückenhaft zustande kommt. Dies besagt nicht, daß eine Hirnschädigung im Sinne von Zerstörung bestimmter Hirnstrukturen vorliegt.

Die Ursachen für die Ausreifungsstörung können ganz unterschiedlicher Art sein. Sie reichen von ererbter Veranlagung über störend einwirkende und die Ausreifung hemmende Faktoren in der Schwangerschaft, während und unmittelbar nach der Geburt bis hin zu ungenügendem und

* Heute oft auch als Störung der sensorischen Integration (SI) bezeichnet.

ungeeignetem Einüben der Sinne und Motorik in der ersten Lebenszeit. Eine ungestörte Bewegungskoordination und ihre Verknüpfung mit Sinnesbereichen (hauptsächlich Sehen und Hören) ist die Basis für sog. höhere Leistungen wie Sprechen, Schreiben, Lesen, Rechnen. Die von der Ausreifungsstörung einzelner Leistungsbereiche betroffenen Kinder leiden darunter, daß sie, selbst wenn sie sich darum zielbewußt bemühen, altersentsprechende Fertigkeiten nicht zur Verfügung haben.

Einige Kinder haben Schwierigkeiten, Treppen herunterzurennen, sind ungeschickt an Spielplatzgeräten oder haben Probleme, ein Fahrrad ohne Stützräder auszubalancieren. Diese Kinder fallen oft, sie sind einfach tolpatschig. Demzufolge werden sie oft von anderen Kindern gehänselt. Die Betroffenen bekommen Angst davor, aber auch vor möglichen Verletzungen. Sie empfinden das Unbehagen, daß ihnen ihr Körper nicht gehorcht. Sie verlieren das Selbstvertrauen. Ihrer Störung liegt eine mangelhafte Verknüpfung von Gleichgewichts- und Bewegungssinn (die sog. vestibulär-kinästhetische Wahrnehmungsstörung) zugrunde.

Andere Kinder tun sich schwer bei Tätigkeiten, die ein gutes Zusammenspiel von Sehen und motorischer Ausführung (die sog. visuomotorische Koordination) zur Voraussetzung haben. Solche Kinder können z.B. keinen Ball fangen, sie erkennen sehr gut geometrische Formen, aber wenn sie einen Kreis nachzeichnen sollen, entsteht ein hilfloses Gekritzel. Dieses Kind ist dann (von sich) enttäuscht, wenn es bemerkt, daß es andere Kinder aber können. Das Kind mit ungenügender Auge-Hand-Verknüpfung fällt in der Schule unerwartet durch eine Schreibschwäche auf. Es vertauscht links und rechts, es plagt sich mit der Ausformung der Buchstaben, kommt in Zeitnot bei Diktaten und dergleichen mehr. Das Kind ringt noch um die reine Strategie des Schreibens, wo andere Kinder die Schrift schon automatisch beherrschen und ihre Aufmerksamkeit schon frei für Rechtschreibregeln haben.

Mal ist die sog. visuomotorische Koordinationsstörung bedingt durch eine noch ungenügende Ausreifung des Sehaktes (langsames Auge), mal durch eine lückenhafte Speicherung und Vorstellung des Gesehenen. Zuweilen ist sie bedingt durch eine unzuverlässige Seitenorientierung (im eigenen Körper und umgebenden Raum) oder durch eine feinmotorische Störung im Handbereich (schwere Hand) bzw. dem noch ungenügenden Zusammenspiel beider Hände.

Ähnlich vielfältig sind die Ausreifungsstörungen auch in den anderen Teilbereichen der sog. Sensomotorik. Es würde aber wirklich zu weit führen, in diesem Ratgeber auf alle Schattierungen der gestörten Sensomotorik einzugehen.

Die krisenreiche Begegnung mit der eigenen Schwäche kann nicht ohne Folgen bleiben. Die minimalen Dysfunktionen haben oft maximale Auswirkungen auf das Befinden des Betroffenen und seine ganze Persönlichkeitsreifung. Je nach seiner Persönlichkeitsstruktur und seiner Einbettung in das gesamte Umfeld reagiert das eine Kind mit einer Mobilisation seiner übrigen Kräfte, es strengt sich um so mehr an, während das andere Kind traurig aufgibt und in phlegmatische bis depressive Passivität versinkt.

Das Kind mit minimaler cerebraler Dysfunktion kann aber auch die Auseinandersetzung mit seiner Schwäche durch passive Unruhe abbüßen, wenn es bei sich selbst und in seinem Umfeld den Überblick verliert und sich überfordert fühlt und chaotisch nach Selbstwahrnehmung strebt, wenn es alleingelassen wird in seinen Bemühungen, das zerstörte innere Gleichgewicht wieder herzustellen.

Die minimale cerebrale Dysfunktion muß nicht zwingend in das Symptom der Hyperaktivität einmünden. Im Gegenteil – sie kann auch zur Chance werden, das innere Gleichgewicht, die Fähigkeit in sich zu ruhen, auf völlig neue und reife Art zu gewinnen.

Hyperaktivität (HA), hyperkinetisches Syndrom (HKS) und Aufmerksamkeitsdefizitsyndrom (ADS)*

Diese Begriffe sind weniger eindeutig als die minimale cerebrale Dysfunktion (MCD); denn diese Begriffe überlagern sich. Versuchen wir daher zunächst einmal, sie »sprachlich« nachzuvollziehen:

»Hyper« kommt aus dem Griechischen und heißt »über«, »übermäßig«. *»Aktivität«* leitet sich von einem lateinischen Wortstamm ab, der sowohl Bewegung wie äußeres Handeln, In-Bewegung-Bringen, Tätigsein ausdrückt.

»Kinetisch« ist wiederum aus dem Griechischen entliehen und heißt »auf Bewegung beruhend« bzw. Bewegungsenergie.

»Hyperaktiv« würde also bedeuten: übermäßiger Drang zur Tätigkeit.

»Hyperkinetisch« hieße aber: übermäßiger Drang zur Bewegung.

Jede Tätigkeit hat Bewegung zur Voraussetzung. Die beiden Begriffe sind also leicht austauschbar, obgleich der Begriff der Hyperaktivität

* Im anglo-amerikanischen Schrifttum: Attention-deficit-syndrome.

mehr das Zielgerichtete der Bewegung ausdrückt und Hyperkinesie eher zufällige, nicht auf ein bestimmtes Ziel gerichtete Bewegungen meint, z. B. motorische Stereotypien, wie etwa nervöses Wackeln auf dem Hocker oder auch einen Tic (Zwinkertic, Grimassentic).

Der unbestreitbar gemeinsame Nenner dieser Störungen liegt in *Defiziten der Aufmerksamkeit*, die sich in Umtriebigkeit äußern. Die Kinder *können nicht* still sitzen bleiben, rastlos wechseln sie von einer Tätigkeit zur andern. Sie sind allen auf sie einstürmenden Eindrücken, wie auch ihren eigenen inneren Impulsen ausgeliefert. Weil sie Wichtiges von Unwichtigem nicht unterscheiden können und nicht das Durchhaltevermögen haben, bringen sie Angefangenes nie zu Ende. Durch die Hektik, in der sich diese Kinder befinden und die Tatsache, daß sie sich aus nichts heraushalten können, ist es ihnen auch nicht möglich, Gefahren und ihr eigenes Verhalten im voraus einzuschätzen. Und es ist ihnen nicht möglich, sich selbst entsprechend zu steuern.

Das umtriebige, unruhige Kind tut sich schwer, zu befriedigenden Erlebnissen zu finden. Es kann in sich nicht ruhen und kann daher auch nicht die Vielfalt der Eindrücke verdauen. Seine Unruhe macht es zum Störenfried für andere Kinder, und daher wird es häufig abgelehnt. Die Folge davon ist, daß es weder für sich noch mit anderen zusammen sein kann und es sich daher schwer tut, sein »ICH« vom »DU« abzugrenzen, anzunehmen und zu entfalten.

Das ICH-schwach gebliebene Kind hat es später auch als Mitglied der Gruppe in der Schule schwer. Es kann die Eigenverantwortung für sein konzentriertes, zielstrebiges Tun nicht übernehmen und ist auf die Steuerung durch den Lehrer angewiesen. Diese individuelle Hilfe kann ihm im Rahmen der Regelschule nur sehr bedingt gewährt werden, und deshalb droht manchem hyperaktiven Kind trotz guter Intelligenz die Versetzung in den Sonderschulbereich.

Die Bezeichnungen »hyperaktives« oder »hyperkinetisches« Kind sprechen von einem Syndrom, und das ist die Unruhe. Über die Verursachung dieser Unruhe machen sie keine Aussage. Daß hierfür viele Faktoren in Frage kommen und meist mehrere zugleich, wollen wir im nächsten Kapitel anhand von Fallbeispielen aufzeigen.

Die Bezeichnungen »Hyperaktivität« (HA), »hyperkinetisches Syndrom« (HKS) und Aufmerksamkeitsdefizitsyndrom (ADS) sind in gewisser Weise austauschbar, gegen die »minimale cerebrale Dysfunktion« (MCD) sollten sie jedoch abgegrenzt werden. Sehr oft stehen die erwähnten Bilder in der Wechselbeziehung von Ursache und Folge.

Wie wir schon erwähnt haben, kann das verunsicherte MCD-Kind hyperaktiv werden. Umgekehrt finden sich unter den unruhigen Kindern auch solche, die infolge ihrer grobmotorischen Umtriebigkeit die (die Ausreifung fördernde) ständige Beübung fein-differenzierter Funktionen vernachlässigen (z. B. die Diskriminierung von Lauten, die sprachliche Artikulation, die Fingergeschicklichkeit). Schließlich sind unter den umtriebigen Kindern auch solche, deren Hyperkinese dadurch zustande kommt, daß sie eine Dysfunktion in Hirnbereichen haben, die für die Steuerung der Wachsamkeit und die Steuerung der Bewegungsenergie verantwortlich sind.

»Der kleine Tyrann«

Manche, die sich mit diesem Thema beschäftigen, neigen dazu, den »kleinen Tyrannen« gleichzustellen mit dem hyperaktiven Kind. Der kleine Tyrann ist tatsächlich unruhig und hyperaktiv. Der Unterschied zwischen beiden ist aber unverkennbar. Er liegt in der suchtartigen Abhängigkeit vom Herrschenmüssen. Das herrschsüchtige Kind wird deshalb unruhig, weil es die Verhältnisse in seinem magischen Imperium stets im Auge behalten und beeinflussen muß. Das hyperaktive Kind aber muß nicht »herrschen«. Es verlangt auch nicht danach.

Kurz und gut: Jeder »kleine Tyrann« ist unruhig – sprich: hyperaktiv. Aber nicht jedes hyperaktive Kind ist ein kleiner Tyrann!

Die Entwicklung der Bewegungssteuerung aus der Sicht der Autoren

Nur aus ganzheitlicher Sicht kann annäherungsweise nachvollzogen werden, wie das heranreifende Kind Bewegung wahrnimmt und allmählich durch eigene Bewegungsaktivitäten die Fähigkeit zur zielgerichteten Willkürmotorik und damit die Eigensteuerung seines Bewegungsimpulses erlernt.

Seine Stellung in der Welt erfährt das Kind zunächst durch all seine *Sinne*: Hören, Sehen, Riechen usw. einschließlich *Körpersinn*: Tastsinn, Wahrnehmung des Gleichgewichts und der Bewegung. Alles, was es mit den Sinnen aufnimmt und damit wahrnimmt, schafft ihm Gefühle. Die wohlig erlebten Gefühle spenden ihm das innere Gleichgewicht und damit die Empfindung der Geborgenheit. Unlustbetonte Gefühle stören die innere Ruhe und stellen eine Bedrohung für seine Geborgenheitsempfindung dar. Je kleiner das Kind, um so schwieriger ist es, eigene Strategien zu seiner Beruhigung zu finden, da es ja noch nicht denken und handeln kann. Das Kind ist ein völlig hilfloses Wesen, das vom Denken und Handeln seiner nächsten Bezugspersonen abhängig ist. Demzufolge kann es Geborgenheit nur in einer zuverlässigen, auf seine Bedürfnisse feinfühlig eingehenden Beziehung erfahren. Bekommt es diese Hilfe nicht, muß es seinen seelischen Schmerz leiblich ableiten, indem es sich in stetig wiederholten, vertrauten Bewegungsmustern betäubt. Es knüpft dabei an Vorerfahrungen an, die es in früheren Altersstufen eingeübt hat (z. B. Bewegungsstereotypien wie ein sich Hin- und Herwiegen, sich selbst streicheln, selbststimulierendes Betasten von Gegenständen).

Wenn die Lebensenergie sich für die Selbstbetäubung verbraucht, so bedeutet dies eine nachhaltige Störung der Entfaltung der Neugierde. Die besonnene Neugier kann sich nur auf dem Boden der Geborgenheit entfalten. Nur wenn das Kind in sich ruht, kann es einen Antrieb lenken zur Erkundung des Zusammenhangs zwischen sich und der Welt. Alles, was das Kind durch Wiederholung erlernt, alles, was es sozusagen einübt, beeinflußt in diesen frühen Stadien die Entwicklung seines zentralen Nervensystems. Die Wiederholung formt die Hirnstrukturen, indem sie die Bahnen zwischen den Hirnzellverbänden prägt, und sie beeinflußt den Entwicklungsgang der Neurobiochemie. Sowohl das Verhalten der besonnenen Neugier, wie auch die betäubenden selbsterrettenden Aktivitäten, werden in der Stufe der sensomotorischen Entwicklung bis zu einem gewissen Grad strukturierend eingeschrieben in die Leiblichkeit des Kindes.

In allem, was das Kind aufnimmt, in eigene Aktivität umformt und zu seiner Eigenschaft macht, ist stets die Summe untereinander verzahnter, ganz unterschiedlicher Erlebnisfelder wirksam. Das kleine Kind, das sich aus eigener Kraft aus nichts in seinem Umfeld heraushalten kann, ist förmlich die Summe all seines Erlebten.

Der Erwachsene kann denken. Da er den Überblick hat, kann er zwischen Wesentlichem und Unwesentlichem unterscheiden, und indem er auf das Unwesentliche verzichtet, kann er sich schützen vor Reizüberflutung und Streß. Das kleine Kind kann die Situation auf diese Weise noch nicht analysieren und selektieren. Es muß jedes Phänomen als Ganzes erleben, und es steckt mit ganzem Leib und mit ganzer Seele in den Ereignissen, und in ganz genau der gleichen Weise empfindet es sein Eingebundensein in sein soziales Umfeld.

Um das Wesen des Kindes und die Störungen seiner Entwicklung zu verstehen, *kann* man also gar nicht anders als sich einer ganzheitlichen (holistischen) Sichtweise zu bedienen. Wie die entwicklungspsychologische Sichtweise sowohl mit der tiefenpsychologisch ausgerichteten als auch mit der anthropologischen zusammengeht und ebenso die neurophysiologische Sichtweise einbezieht, wollen wir hier an weiteren Gesetzmäßigkeiten der kindlichen Entwicklung ausführen.

Die holistische Sichtweise mag um so spekulativer erscheinen, weil die verschiedenen Fachdisziplinen ihr Denkmodell häufig ebenfalls auf Spekulationen stützen. Es ist aber in der Wissenschaft ein berechtigter Arbeitsansatz, intuitiv Erkanntes durch Forschung zu beweisen. Ganzheitliches Erkennen setzt allerdings Intuition voraus.

Alle die aufgeführten Fachdisziplinen messen den ersten beiden (drei) Lebensjahren in der kindlichen Entwicklung die entscheidend prägende Bedeutung bei – jede in ihrer Sichtweise. Es entspricht die Stufe der Plastizität des kindlichen Gehirns (Neurophysiologie) der Stufe der Ausbildung von sensomotorischen Funktionen (Entwicklungsneurologie und Entwicklungspsychologie) sowie der oralen Stufe mit ihrem Grundbedürfnis nach Geborgenheit (Tiefenpsychologie) und der Stufe, auf der das Menschenkind, zum biologischen Typus des »Traglings« gehörend, abhängig ist vom Betreutwerden im sozialen Uterus (Anthropologie/Ethologie).

Das neurophysiologische Modell

Das Gehirn macht in den ersten zwei, drei Lebensjahren – mit der Zeugung beginnend – eine rasante Entwicklung durch. Die meisten Nervenzellen (Neurone) sind in der Mitte der Schwangerschaft angelegt. Um ihre Funktion aufnehmen zu können (diese Funktionen laufen über den Nervenzellstoffwechsel), müssen sie untereinander verknüpft werden über Dendriten und Synapsen, und die sie verbindenden Bahnen müssen weiter ausreifen (Vorgang der Myelinisierung).

Das entscheidende Fundament der Verknüpfungen wird ab der 2. Schwangerschaftshälfte bis in die ersten beiden Lebensjahre gelegt (Plastizität des kindlichen Gehirns). Der Vorgang der Verknüpfung wird durch Anregung von außen unterstützt. Aktive Wahrnehmung und Handlungen bahnen die Nervenzellverknüpfungen an. Die Verknüpfungen festigen sich in dem Maß, in dem das Kind seine Wahrnehmungen übt und Handlungen oder Denkschlüsse wiederholt.

In der Zeit des ersten Lernens nimmt auch das Gewicht des Gehirns explosionsartig zu: Am Ende des 1. Lebensjahres hat es 50%, am Ende des 3. Lebensjahres schon 80% seines endgültigen Gewichts.

Tab. 1 Gehirnwachstum und Schädelvolumen des Menschen (beide Geschlechter)

Alter	Gewicht Gramm	Volumen Kubikzentimeter	Schädelumfang Millimeter
Geburt	350	330	345
3 Monate	526	500	405
6 Monate	654	600	435
9 Monate	750	675	455
1 Jahr	825	750	465
2 Jahre	1010	900	485
3 Jahre	1115	960	495
4 Jahre	1180	1000	505
6 Jahre	1250	1060	505
9 Jahre	1307	1100	515
12 Jahre	1338	1150	525
15 Jahre	1358	1150	540
18 Jahre	1371	1175	555
20 Jahre	1378	1200	555

Modifiziert und ergänzt nach Growth and Development of the Child, Vol. II, White House Conference, Century Co., New York 1933

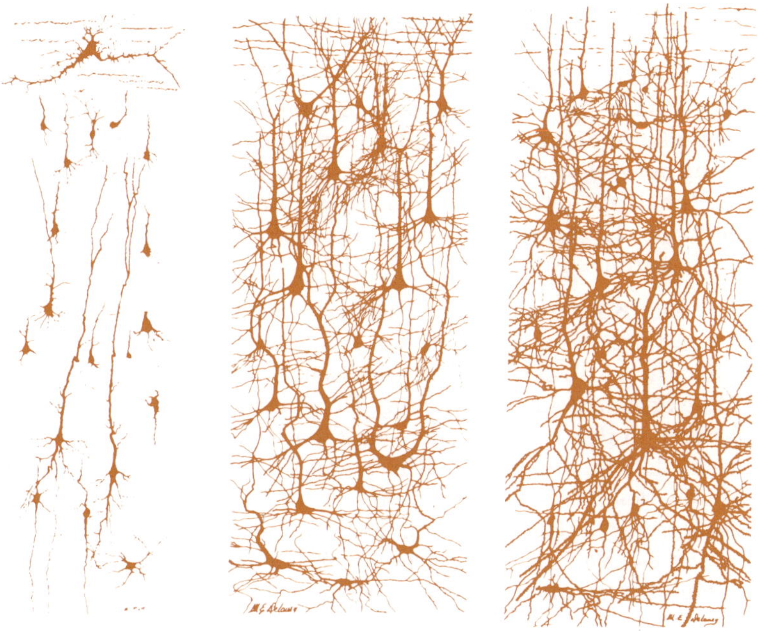

Abb. 1 Dendritenausbildung bei normaler Gehirnentwicklung (aus Gordon/Mc Kinlay, Das ungeschickte Kind, Hippokrates).

Störungen, die in dieser Phase des größten Hirnwachstums einwirken, können die Anzahl der Nervenzellverknüpfungen (Synapsen) vermindern und die notwendigen biochemischen Reifeprozesse verlangsamen. Die Flexibilität der energetischen Versorgung (Transmitter) bestimmter Bahnungen macht es möglich, daß jene Verbindungen, die der zielgerichteten Aufmerksamkeit dienen, aktiviert und die Verbindungen für das Unwesentliche gehemmt werden.

Unter den eben ausgeführten materiellen Bedingungen entwickelt sich die Wahrnehmungs- und Handlungsfähigkeit, das ganze Denken und die Sprache. Wahrnehmendes Handeln ist die unbedingte Voraussetzung für die höheren Funktionen wie Denken und Sprache.

Erst aus dem Konkreten kann die Abstraktion wachsen: Was nicht er-griffen ist, ist nicht zu begreifen. (»Greifen kommt vor Begreifen« ist ein Grundsatz der Pädagogik.)

Das entwicklungspsychologische Modell

Ähnlich den neurophysiologischen Schaltplänen wird auch die Sensomotorik nach einem hierarchisch geordneten Prinzip aufgebaut: Als Fundament aller anderen Sinnesfunktionen und als Voraussetzung für die Entwicklung der zielgerichteten Aufmerksamkeit gilt der »Körpersinn« (MONTAGU): Tasten, Wahrnehmen des Gleichgewichts und der Bewegung. Die Wahrnehmung des Körpersinns ist nicht nur eine empfangende, sondern auch eine durchführende Funktion.

Der Körpersinn nimmt als erster seine Tätigkeit auf. Tastempfindung kann das Kind schon ab der 7./8. Schwangerschaftswoche wahrnehmen, Rhythmus ab der 21. Schwangerschaftswoche über die Wahrnehmung von Gleichgewicht und Bewegung. Über den Körpersinn nimmt das Kind spätestens ab der 2. Schwangerschaftshälfte auch das Urvertrauen wahr, dadurch, daß es den steten Rhythmus des Wiegens im Mutterleib, den Rhythmus des Herzschlags der Mutter empfinden kann. Noch ehe es den Herzschlag der Mutter hört, nimmt es ihn über den Körpersinn als Vibration wahr, und es kann ihn im Gleichmaß des Rhythmus alsbald vorausempfinden. Seine Erwartungen werden stets erfüllt.

Ab hier übt das Kind unter den rhythmischen Wiederholungen des stetig Bewegtwerdens und Sich-Bewegens bestimmte Bewegungssequenzen und verautomatisiert sie (eigene An- und Entspannung) als Antwort auf die Wiegebewegungen. Ähnliche Verautomatisierungen der wiederholten Abläufe (Sequenz) benötigt das Kind später beim Dreiradfahren, um mit Augen und Händen lenken zu können oder noch später beim Schreibvorgang.

Je weiter die Schwangerschaft fortgeschritten ist und das Kind die zunehmende Einengung im Mutterleib erfährt, um so mehr werden seine eigenen chaotischen Bewegungen gehemmt und seine Aufmerksamkeit wird aktiviert. Diese richtet sich auf die Wahrnehmung des Widerstands des Mutterleibs, wodurch es erstmals seine »Selbstwahrnehmung« erfährt. Das Kind erfährt durch den Widerstand erste Signale seiner eigenen Kraft, seiner Gestalt, aber auch Antwort auf seine Bewegungen; es erfährt eine erste Rückkopplung ihrer Wirksamkeit. Die Aktivierung seiner Aufmerksamkeit durch Hemmung des Bewegungsimpulses begünstigt auch, daß es immer feiner und bewußter hören kann, so daß es in den letzten Wochen der Schwangerschaft die Stimmen von Mutter und Vater erkennen und seine Vorlieben für bestimmte Klänge und Musikstücke zum Ausdruck bringen kann, indem es im Bauch der Mutter »springt« und ihr bejahendes Streicheln herausfordert. Der Dialog mit der Mutter beginnt! Er beginnt über den Körpersinn!

Was das Kind vorgeburtlich erlebt und was ihm vorgeburtlich Geborgenheit vermittelt, muß es, soll seine Entwicklung nicht einen Knick erleiden, nach der Geburt fortsetzen können. Über den Körpersinn, d. h. über innigen Körperkontakt am Herzen von Mutter und Vater soll es seine Neugierde für die Welt ausweiten!

Obwohl seine anderen Sinne jetzt differenzierter aufnehmen können, bleibt sein Körpersinn noch lange der entscheidend führende für sein Wahrnehmungsvermögen. Er hat tatsächlich prägende Bedeutung während der ganzen Entwicklungsstufe der Sensomotorik, die etwa hin zum 18. Lebensmonat reicht.

Der Körpersinn bahnt stufenweise alle neuen Schaltpläne der Sinneskoordination und der Vorstellungskraft an. In dem Maß, wie sich aber die »Fernziele« (Hören, Sehen – vor allem Sehen...) differenzieren und Freude am zielgerichteten Handeln und diesbezogenen geistigen Kombinieren stiften, verliert der Körpersinn seine Führungsrolle und gibt sie an das Denken ab.

Die neugierigen Erfahrungen in der sensomotorischen Stufe bedeuten nicht nur passives Aufnehmen, sondern immer auch aktive Auseinandersetzung mit der Umwelt und tatkräftiges Verarbeiten. Das Kind läßt die Umwelt auf sich wirken und wirkt auf die Umwelt zurück.

An den Erfahrungen ist das Kind immer ganz und als ein Ganzes beteiligt. Es lernt nie ohne Gefühle, und da es in der ersten Lebenszeit unabdingbar durch den Körpersinn neue Erfahrungen macht, sind seine Gefühle auch durch den Körpersinn bedingt. Über ihn findet es zum inneren Gleichgewicht, und umgekehrt wird seine innere Einstimmung dazu in seiner Haltung ablesbar: Der zufriedene Säugling ist weich und anschmiegsam, der unzufriedene eher steif und abwehrend, unruhig, hyperaktiv. Er annonciert so sein Ausgeliefertsein an einen Streß. Tatsächlich kennt der Säugling nur den Zustand der Hypotonie (schlaffe Muskeltonusspannung) bzw. den des Hypertonus (erhöhte Muskelspannung). Die Mitte hat er noch nicht gefunden.

Aus den vielfältigen Funktionen des Körpersinnes, die die immer differenziertere Wahrnehmung von Temperatur, Körperlage usw. zulassen, möchten wir im Folgenden zwei ihrer besonderen Bedeutung wegen herausgreifen:

Den haptischen Sinn und den Sinn für Fortbewegung.

Das griechische Wort απτό (hapto) bedeutet laut Wörterbuch: »Ich fühle, ich harmonisiere, ich vereinige, ich stelle eine Beziehung her, ich (ver-)binde mich, ich nehme Kontakt auf um gesund zu machen, zu bestätigen, zu verstärken.«

Wir sprechen hier nicht im herkömmlichen Sinn von Tastsinn oder Motorik oder dergleichen. Wir sprechen vom ganzheitlichen Erleben zweier Energien, die in ihrer Wirkung entweder zum Zentrum hin oder vom Zentrum weg gerichtet sind und deren Zusammenspiel das innere Gleichgewicht bewirkt, deren Ungleichheit aber – stets in ein Zuviel an Aktivität – in motorische Unruhe, in Hyperaktivität einmündet.

Der Autist, der alles an sich heranzieht, ohne nach außen zu streben, *ist* hyperaktiv, und das reizoffene Kind, das nicht in sich ruhen und nichts in sich hereinziehen kann, zu wenig aufnehmen kann, *ist* ebenfalls hyperaktiv.

Der haptische Sinn ist in seiner Wirkung nach innen gerichtet, öffnet sich aber nach außen. Der Sinn für Fortbewegung trägt die Staffette nach außen, wie er sie vom haptischen Sinn aufgenommen hat. Ohne Bindung keine Loslösung. Loslösung ohne Bindung führt ins Chaos. Diese beiden polar aufeinander bezogenen Energien wollen wir darstellen im Zusammenhang mit dem Aufbau der sich entfaltenden Neugierde, für die Zusammenhänge in der Umwelt und im Zusammenhang mit der Entfaltung der Persönlichkeit.

Die beiden zum Zentrum hin (nach innen) bzw. vom Zentrum weg (nach außen) gerichteten Energien sieht KIPHARD, unserer Deutung verwandt im polaren Gegenspiel und Zusammenspiel von Haltung und Bewegung:

»Haltung will im Grunde Bewegung verhindern, ihr entgegenwirken. Dennoch sind Haltung und Bewegung keine Gegensätze, sondern sich vielfältig ergänzende und miteinander kooperierende Muskelaktionen. Bewegung wäre ohne das stützende und stabilisierende Element der Haltung überhaupt nicht möglich. Jede einzelne Teilbewegung beginnt aus einem Zustand der Haltung heraus und endet in einem solchen. Und wenn man so will, ist Haltung – für sich genommen – eine momentan erstarrte, eingefrorene Bewegung. Haltung ist immer nur ein vorübergehender Zustand der Muskelfixierung, eine Art Momentaufnahme vor, nach oder auch innerhalb eines Bewegungsvorganges.

Sie bildet den stützmotorischen Ansatz, den stabilisierenden Fixationspunkt und gibt der Bewegung erst den notwendigen Widerstand, von dem aus sie ihre Exkursion beginnen kann.«[1)]

---

1) Zitiert aus: »Beiträge zur Psychologie und Soziologie des kranken Menschen«, Hrsg.: ERNST J. KIPHARD, Ernst-Reinhardt-Verlag, München, 1985.

Der Leser möge sich des Schemas auf den Seiten 22 und 23 bedienen. Hierzu muß angemerkt werden, daß die Spalten keine tatsächliche Spaltung bedeuten und keine Trennung vorgeben sollen. Im Gegenteil: alle die Erlebensbereiche stehen in einer gegenseitigen Wechselwirkung. In gleicher Weise, wie das Kind seine Neugier entfaltet und Kommunikation bewirkt, erlebt es sein »ICH« und auch das »DU«. Auch muß angemerkt sein, daß die Altersangaben mit Vorsicht zu sehen sind. Sie geben lediglich die etwaige Altersgrenze an, um die herum das Erscheinen einer Entwicklungsstufe in einem Zeitraum von mehreren Monaten auftreten kann. In der Darstellung der Stufen lehnen wir uns an Piaget und Affolter an.

Im Vorgang der Geburt wird der Körpersinn aufs höchste beansprucht. Es treffen jetzt die beiden Energien – die zentrifugal gerichtete der Fortbewegung auf die zentripetal gerichtete, empfangende – gleichzeitig aufeinander. Die zentrifugal gerichtete Energie treibt das Kind aus dem Geburtskanal aus, wobei dieser Kanal so eng und bedrängend ist, daß dieselbe Kraft empfangend durch den ganzen Körper an der Grenze des Erlebbaren verinnerlicht wird.

Mächtige Kontraste muß der Körpersinn zugleich verarbeiten. Die Erfahrung der maximalen Einengung muß plötzlich gegen die Erfahrung des »Nicht-Drucks« ausgewechselt werden. Dafür muß die Erfahrung der Schwerelosigkeit gegen die der Gravidität ausgetauscht werden. Die Temperaturempfindung »warm« muß durch »kalt«, die Empfindung »feucht« durch »trocken« ersetzt werden. Bis dahin noch niemals direkt berührt, nicht einmal durch die eigene Mutter, wird das Kind jetzt – von Fremden –, und wenn es für die Erhaltung seines Lebens notwendig ist, alles andere als sanft, berührt. Das aus dem Urvertrauen hinausgeschleuderte Kind findet in die Ur-Geborgenheit wieder zurück, wenn es die im Mutterleib gemachten Erfahrungen nun *am Mutterleib* wahrnehmend fortsetzt.

Es ist der »tonische Dialog«, den es schon kennt: Es wird abgetastet, um für die Mutter das früher schon im Mutterleib *Ertastete* nun abzurufen. Geherzt durch die Mutter nimmt es – wie früher – den *Herzschlag* der Mutter wahr.

Unter dem nochmals bestätigten Urvertrauen kann es mit der Mutter neue Sinne erschließen und sie vielfältig wahrnehmen. Werden seine natürlichen Lebensäußerungen (Weinen, Strampeln usw.) von ihr beantwortet, fühlt sich das Kind mit ihr verbunden. In bezug auf die Mutter kann es die im Mutterleib schon begonnene Zusammenarbeit der Sinne fortsetzen. Es kann an der Mutterbrust trinkend nach der Mutter greifen, der Mutter in die Augen schauen und ihr zuhören, wie sie sein Schmatzen nachahmt. Im *»biologischen Spiegel«* der Mutter nimmt sich das Kind wahr, und zugleich

		Art der Verarbeitung	Ausdehnung der Neugierde
		symbolisierend (Ansätze zur Abstraktion) Phantasie	immer mehr Zusammenhänge sachlicher und sozialer Art, auch »als ob« gekoppelt
Be-greifen	18 Monate	kombinierend (zielgerichtet innerhalb konkreter Zusammenhänge)	Mittel werden variiert. Umwege gesucht, um auch in unbekannten Situationen die Lösung zu finden. Erfassung von neuen Zusammenhängen und weiteren Gegenständen.
	11 Monate	schematisierend (einfache Handlungsschemata in zeitlicher Abfolge)	bekannte Mittel werden in bekannten Situationen eingesetzt, um ein bekanntes Ziel zu erreichen. Erprobter Zusammenhang zwischen 2 Gegenständen wird nochmals wiederholt. Transfer: Eine Tätigkeit an mehreren Gegenständen. Verstecktes wird gesucht.
	8 Monate	intermodal greifend (ungezielte Exploration unter Sinneskoordination)	Transfer: Eine Tätigkeit wird auf andere Tätigkeiten an einem Gegenstand übertragen.
Greifen	3 Monate Geburt	empfangend: postpartal: Ausweitung des pränatal begonnenen Dialogs mit der Mutter unter Beteiligung mehrerer Sinne und Empfang von neuen Außenreizen innerhalb einzelner Sinne.	Ergreifen von Gegenständen, die der Tastsinn signalisiert
	in utero	pränatal: Empfang des wahrnehmbaren Dialogs mit der Mutter auf sich selbst bezogen.	

Abb. 2

Reife der Bewegungsfähigkeit: Nachahmung	Beherrschung des Körpers / des Objekts	Grundwert für die Persönlichkeit	
Nachahmung »als ob« aufgeschobene Nachahmung von Handlungsketten	Verfeinerung der Körperkoordination Beherrschung der gegenläufigen Bewegungsmuster im Fluß, leistungsbetont.	das ICH wird erfahren (Grenzen, Chancen) in diversen sozialen Situationen gemeinsames Spiel Kommunikation ICH-IDENTITÄT	**Symbolstufe**
Nachahmung von Handlungsketten in konkreter Form Nachahmung von bisher unbekannten Bewegungsmustern, die das Kind ans sich selbst nicht sieht (Mundmotorik, Beherrschung der Schließmuskeln).	Beginn der Lateralität Kreuzung der Mittellinie Koordination beider Hände differenziertes Benutzen der Finger Auge-Hand-Koordination Öffnungen werden mittels Werkzeug erforscht.	Ich als Schöpfer Durchführer Manager Entwerfer Willensstärker Vorstellungsvermögen für Alternativen im Zeitraum.	
Nachahmung vertrauter Bewegungen, die das Kind an sich selbst nicht sieht und nicht hört (z. B. winken).	Bewußtsein des Körperschemas Willentliches Planen kurzer Bewegungsreihen. Dosieren von Körperkraft (schieben, ziehen) Öffnungen werden mittels Körperteile erforscht.	erstes bewußtes Planen eigener Wirksamkeit Verständnis für zeitliche Abfolgen Beginn der Vorstellungskraft, der Erwartungshaltung	**sensomotorische Stufe**
Nachahmung vertrauter Bewegungen, die das Kind an sich selbst sieht und hört.	greifen Motorik vermittelt zwischen Sinnesmodalitäten (greifen nach Gesehenem)	Entfaltung der Neugierde für Alternativen, entdecken eigener Körperteile.	
das Baby nimmt wahr, wenn es von der Mutter imitiert wird (baby talk)	symbiotisches Anklammern Reflexbewegungen	URGEBORGENHEIT	
	rhythmisches Mitschwingen		

versucht es, die Mutter nachzuahmen (Babytalk). Fremden Dingen und Menschen gegenüber hat es diese Fähigkeit vielfältiger Wahrnehmung noch nicht. Es kann diese nur über einzelne Sinnesfunktionen wahrnehmen, z. B. hört es sich eine Rassel an, ohne nach ihr zu greifen.

In dieser allerersten Zeit drohen auf das Kind viel mehr Eindrücke einzuströmen, als es verarbeiten kann. Es schaut oder es lauscht, es kann aber – abgesehen von den Wahrnehmungen, die es von der Mutter hat, diese Wahrnehmungen untereinander nicht verbinden. Wenn es zu viele Angebote zugleich verarbeiten muß, kann es weder schauen noch sehen, weder lauschen noch hören.

In dieser Eingangsstufe übt das Kind die konzentrierte Wahrnehmung. Zunächst kann es sich nur auf eine Sinneswahrnehmung wirklich konzentrieren, aber mit zunehmender Reifung des Gehirns und mit zuverlässigen Anregungen kann es schließlich über mehr als zwei oder drei Sinne aufnehmen und seine Wahrnehmung und Aktivitäten ganzheitlich verknüpfen.

Die Fähigkeit zur Fortbewegung fängt an, wenn das Kind beginnt, nach etwas zu greifen, was es sieht oder hört: Aber es ergreift zunächst nur das Ge-sehene.

Intermodale Stufe (Zusammenwirkung der Sinne)

Der Antrieb zur Fortbewegung geht über das Auge. Das Kind ergreift den Gegenstand und erforscht ihn planlos über weitere Sinne. An seiner Rassel lauscht es, führt sie zum Mund, leckt und schmeckt daran, es führt die Rassel zur Nase, wo sie berochen wird. *Die Vielfalt der Sinneseindrücke vermittelt die Fortbewegung der Hand.*

Allmählich reift die Zusammenarbeit zwischen durchführender Hand und den Sinnen dazu, daß das Kind unter behutsamer Führung seiner Hand seinen Betreuer nachahmen kann.

Unter innigem Hautkontakt führt die Mutter liebkosend die Hand ihres Kindes zum Beklatschen ihrer anderen Hand. Das Kind spürt es, hört es, findet Gefallen daran und wiederholt es einige Male.

Beginnende seriale Stufe (Stufe der schematisierenden Verarbeitung)

Im Kind ist der Sinn für Fortbewegung erwacht mit der Fähigkeit des Greifens. Die Hand, zum Greifen bereit, zieht den Körper nach! So wie sich das Kind allmählich selbständig aufsetzen, drehen, krabbeln, hochziehen kann, bringt es sich mit seinem ganzen Körper, seinem ganzen Sein ein, um vielfältig eine *bestimmte Tätigkeit auf mehrere Gegenstände* zu übertragen. Und es verbindet damit Erwartungen, die durch Wiederholungen erprobt sind.

Beispielsweise zieht es an den Haaren der Mutter und erwartet ihr »Nein–Nein«. Es zieht am Hampelmann, um ihn sich bewegen zu sehen. Es zieht an der Tischdecke, in Erwartung des mütterlichen »Nein–Nein«, aber auch in Erwartung der sich ereignenden Bewegung. Es fängt an, das noch nicht Sichtbare vorauszuahnen. Es liebt einfache Versteck- und Kuck-kuck-da-da-Spiele.

Bei jedem dieser Vorgänge handelt es sich um ein kurzes 2-Schritte-Programm, das sich im Zeitlupentempo vollzieht.

Eine bestimmte einfache Manipulation in bestimmter Situation hat eine bestimmte Auswirkung zur Folge. Damit sich das Kind erfreuen kann an der Zuverlässigkeit seiner Denkansätze, müssen die von ihm ausgehenden Wirkungen nach einem Schema geschehen. Damit sich die erfahrene Verbindung von Ursache und Wirkung (das Engramm) festigen kann (d.h. die notwendige neuronale Verknüpfung zustande kommt), benötigt es die vorsortierende (filternde) »Hand« des Erwachsenen.

Indem das Kind zwischen Wichtigem und Unwichtigem unterscheidet, um zum Ziel zu kommen, verzichtet es auch auf unwichtige Bewegungen, und seine Bewegungskoordination verfeinert sich.

Die Absicht formt die Bewegungen, und die Bewegungen werden immer mehr vom Denken gesteuert. Sie werden besonnener, sie werden bewußter.

Die Erkundung des Lebens unter ausgewogenem Gemüt kann sich nur aus dem Schutz des Nestes heraus in einer beschützenden Beziehung ereignen. »Schutz« und »Beschützung« sind nicht leere Bezeichnungen. Sie beinhalten, daß das Kind vor unnötigen, sein Fassungsvermögen strapazierenden Reizen geschont wird. Die Mutter, der Vater, die nächste Bezugsperson filtern, was das Kind zur Verarbeitung angeboten bekommt. Sie bestimmen zunächst einmal aufgrund ihrer Besonnenheit, welche aus der Vielfalt der dem Kind interessant erscheinenden Anreize und Anregungen für das Kind tatsächlich gut sind.

- Sie treffen also die erste Auswahl und schützen damit ihr Kind vor Reizüberflutung,
- üben Konzentration,
- unterstützen die Erwartungshaltung ihres Kindes und die Anstrengungsbereitschaft ihres Kindes, durch zielgerichtetes Handeln zum Erfolg zu kommen, die Freude am erreichten Ziel, die Freude an der eigenen Wirksamkeit, die Freude an der Wiederholung und an der Ausweitung dieser Erfahrung auf andere Situationen.

- Sie unterstützen bei ihrem Kind die Fähigkeit, nach bestimmten Ordnungsstrukturen zu verfahren und sich darin einzufügen, und
- sie helfen ihrem Kind, mit der Enttäuschung umzugehen.

Das Kind wirft seine Stofftiere aus dem Bettchen und erwartet, daß die Oma sie aufhebt und sagt: »Du–Du«.

Das Kind nimmt beim Kuck-kuck-da-da-Spiel das Tuch weg, um *dann dahinter* das Gesicht der Mutter *wieder* zu sehen.

Es hopst auf dem Schoß des Vaters in Erwartung, daß das Hoppe-hoppe-Reiter-Spiel kommt, und das Hoppe-hoppe-Reiter-Spiel muß mit dem Plumps enden.

Mit der nach außen strebenden, von ihm weggerichteten zentrifugalen Kraft der Fortbewegung erkundet das Kind in dieser Stufe jetzt auch mit der Hand die verborgenen Räumlichkeiten von Öffnungen und Vertiefungen (Mund und Ohren seiner Bezugsperson, Taschen, Schubladen, Steckdosen). Dadurch, daß die forschende (explorierende) Hand den begrenzenden Widerstand der jeweiligen Räumlichkeit tastend fühlt, erwirbt sich das Kind die Fähigkeit, Bewegungen – teilweise auch ohne Augenkontrolle – zu steuern (zentripetale Wirkung des haptischen Sinns).

Die nach außen gerichtete Kraft bekommt Rückkopplung durch den Widerstand und meldet es dem Gehirn.

Die Errungenschaften spiegeln sich auf dieser Stufe in der heranreifenden Nachahmung wider. Was das Kind jetzt nachahmt, verläuft nach so geordneten Strukturen in einem stets wiederkehrenden Schema: Der Papa winkt unter der Tür zum Abschied, die Mama sagt: »Mach ada–ada« und tippt die Hand des Kindes dazu an zu winken, und das Kind winkt wie der Papa, indem es ihm zuschaut, aber es muß nicht mehr seine eigene Hand dabei anschauen.

Stufe der kombinierenden Verarbeitung

Auch diese Stufe wird angekurbelt und in ihrer Entwicklung getragen durch den Körpersinn. Er erfährt jetzt in allen Bereichen der sensomotorischen Stufe (im Bereich der gegenständlichen Auskundung, der Nachahmung und der Kommunikation) einen feierlichen Abschluß seiner führenden Funktion, um danach die leitende Funktion dem Sehen und dem Denken zu überlassen.

Zur Auseinandersetzung mit dem Widerstand und zur Erforschung der eigenen Kraft wie der Zusammenhänge benutzt das Kind nun nicht mehr nur seine Hand (seine Körperteile) um Öffnungen und Räume zu erkunden, sondern den Gegenstand; somit beginnt das *Werkzeugdenken*.

Das Kind experimentiert sowohl spontan wie auch nachahmend. Es möchte, wie die Mama, ein Ei in den Eierbecher legen, versucht es aber auch mit seinem Schnuller oder mit einem Baustein. Dabei geht es mit seiner eigenen Kraft in vielfältiger Weise um. Es dosiert sie und richtet sie aus.

Bei solchen Experimenten wird es immer mehr angeregt, beide Hände in eine Zusammenarbeit zu bringen. Beide Hände teilen sich die Arbeit, die eine wird zur haltenden, die andere zur schaffenden. Dabei ist die Funktion der Hände aber noch nicht festgelegt.

Am Vorbild der Mutter und unter ihrer Mitwirkung stellt das Kind nun fest, daß die beiden Paßformen (Becher und Ei) eine weitere Bedeutung und ein lukratives Erlebnis zur Folge haben: Es erlebt *durch* die Mutter: Das Ei ist zu öffnen und man kann essen, was in dem Ei ist. Es sieht, wie die Mutter den Löffel in das Ei steckt und möchte am liebsten auch selbst den Löffel in das Ei führen.

Noch etwas Wichtiges wird in dieser Stufe veranlagt (ab 12. Monat bis zum 18. und fließend darüber hinaus) – ein Baustein des späteren logisch-abstrakten Denkens: *Das Kind kann den Zusammenhang verinnerlichen.*

Es weiß, auch wenn es vom Schoß der Mutter herunterrutscht und wegkrabbelt oder wegläuft, daß immer noch der Eierbecher und das Ei und ihr Ineinanderverwobensein da sind (sog. Objekt-Permanenz).

Ab hier fängt das Kind an, etwas zu tun, um zu sehen.

Und allmählich fängt es auch an, bekannte Schemata zu kombinieren, um Lösungen zu finden. Abweichend vom Schema geht es nun Wege, um seine *Lösung* zu finden.

Folgende Problemstellung könnte sich ergeben:

Das Kind – etwa 18 Monate alt – möchte die Mama zu sich ins Kinderzimmer rufen. Es ruft, aber die Mama erscheint nicht. Es trägt nun folgende Schemata in sich:

- Schema 1: Wenn es Krach macht, kommt die Mutter.
- Schema 2: Wenn es Gegenstände wegwirft, macht es Krach.

Um die Mama zu sehen, kann das Kind den Umweg schon kombinieren: Es wirft Dinge weg, macht Krach und...

In dieser Stufe reift die Steuerung der Bewegungsfähigkeit und der Vorgänge ihrer Verinnerlichung soweit, daß das Kind nun Bewegungen steuert und nachahmt, die es an sich selbst nicht mehr sehen oder hören *(wahr-*

nehmen) kann: Mund aufblasen, mit der Zunge schnalzen, mit den Lippen sprudeln, aber auch in Anfängen die Körperschließmuskeln kontrollieren, Gesten und Mimik nachzuahmen. Indem das Kind die Körpersprache des Gegenübers übernimmt, übernimmt es auch das Gefühl des Gegenübers und kann sich hineinfühlen in das Gegenüber. Es kann dies um so mehr, als es bis dahin durch die Vielfalt der Rückkopplung sich selbst erfuhr.

Es erfuhr sich auf dreierlei Weise:

- Indem es sich mit dem Widerstand der Begrenzung auseinandersetzte, hat sich sein »ICH« wahrnehmen und einsetzen müssen.
- Indem es seine Vorstellungen verwirklichen konnte, erfährt es Selbstbestätigung.
- Indem es in den »biologischen Spiegel« blickt, erfährt es Bestätigung von anderen, vor allem von seinen Eltern.

Das »ICH« reift an dem »DU« (Martin Buber).

Immer mehr wächst in dem Kind das Bedürfnis zu sein »wie Du«. So großartig zu sein wie der Papa, die Mama, die älteren Geschwister. Es ahmt dabei die Geliebten nach, aber es gerät auch in einen heiligen Zorn, wenn es das angestrebte Ziel nicht schafft. Immer weiter geht es auf seinem Weg ins bewußte Leben, in die Phantasie und damit in die Stufe des »Als-ob-Erleben«, wo es durch die Übernahme der verschiedenen Rollen im Spiel sein »ICH« erlebt und festigt.

Erst wenn das Kind in aller Geborgenheit die konkreten Zusammenhänge seiner Wirklichkeit kennengelernt hat, kann es sich auch die Ausweitung seines Denkens erlauben und sich im Spiel unbeschadet den Produkten seiner Phantasie überlassen und Freude daran entwickeln.

Das tiefenpsychologische Modell

Die sich am Ende der sensomotorischen Stufe heranbildenden neuen Fähigkeiten, die auf den vorangegangenen Seiten beschrieben wurden, entsprechen schon dem Eingang in die *anal-aggressive Stufe* der Tiefenpsychologie. Die Stufe davor (die sensomotorische in all den von uns beschriebenen Abstufungen) nennen die Tiefenpsychologen die *orale* (nach dem lateinischen Wort os, oris = Mund). Damit soll zum Ausdruck gebracht werden, daß für das Kleinkind das Saugen an der Mutterbrust ein Grundbedürfnis ist, durch das es Geborgenheit erfährt.

Als Sigmund Freud den Begriff prägte, war noch nicht bekannt, daß das Kind schon im Mutterleib, und zwar schon in den ersten Schwangerschaftsmonaten, die Trinkbewegungen zur Verfügung hat und daß viel wichtiger als das Saugen an der Mutterbrust die Sättigung des Grundbedürfnisses nach Geborgenheit ist (Erikson). Trinken allein genügt nicht. Die Empfindung der Geborgenheit entsteht vielmehr dadurch, daß sich das Kind auf die vorauswahrnehmbare Mutter verlassen kann. Je mehr wir (in den letzten 25 Jahren) von den Entwicklungsgesetzen des Kindes wissen, um so mehr wird die Bedeutung der Bindung, als die die Geborgenheit stiftende Kraft, erkannt. Diese Kraft entsteht nicht nur *oral*, sondern durch vielfältig mit- (der Mutter) schwingende Wahrnehmung mittels aller Sinne, aber hauptsächlich des Körpersinns. Die Bindung setzt die Unverwechselbarkeit der Konstanz der Bezugsperson (der Mutter) voraus und strebt stufenweise nach Ausweitung. Das Kind vertraut auf die immer wiederkehrenden Anregungen und Reaktionen der Mutter, und es verläßt sich darauf, daß die Mutter seine Bedürfnisse erfühlt.

Unter Erhaltung der Bindung an die Mutter nimmt das Kind, mit und durch die Mutter, Bindung zu anderen, ebenfalls kostant erlebten Bezugspersonen, wie den Vater, Geschwister, die Großeltern, den Paten auf. Unter dem Schutz der vertrauten Personen weitet es seine Neugier auch fremden Personen gegenüber aus.

Es macht erste Anläufe, die Welt auch außerhalb des Nestes kennenzulernen. Es muß sich aber immer wieder des Nestes rückversichern können. Die ersten Loslösungsversuche macht das Kind, indem es vom »Nest« (Mutter, Vater usw.) wegkrabbelt. So wie in der serialen Stufe beschrieben, überträgt das Kind eine bestimmte Art seiner Auskundung auf mehrere Personen. Beispielsweise zieht es sich am Bein der einzelnen Sitzenden hoch, und es macht die Erfahrung, daß einige Personen auf die bekannte und daher erwartete Weise reagieren, andere dagegen völlig fremd reagieren. Aus der Verunsicherung heraus zieht sich das Kind zurück ins Nest. Allerdings hat diese Reaktion eine gute Bindung an das Nest zur Voraussetzung!

In ganz kleinen Schritten fängt das Kind an, seine bis dahin symbiotische Verschmelzung mit dem Nest zu lockern. Es fängt an zwischen Vertrautem und Fremdem zu unterscheiden.

Es fremdelt. Diese Stufe wird auch die Phase der 8-Monats-Angst oder die Zeit der Trennungsängste genannt, meist spricht man von der *Fremdelphase* (René Spitz). Kinder, die keine Bindung aufbauen konnten, sind auch nicht in der Lage, die Fremdelphase zu entwickeln und sich loszulösen (M. Mahler, Winnicott, Bettelheim).

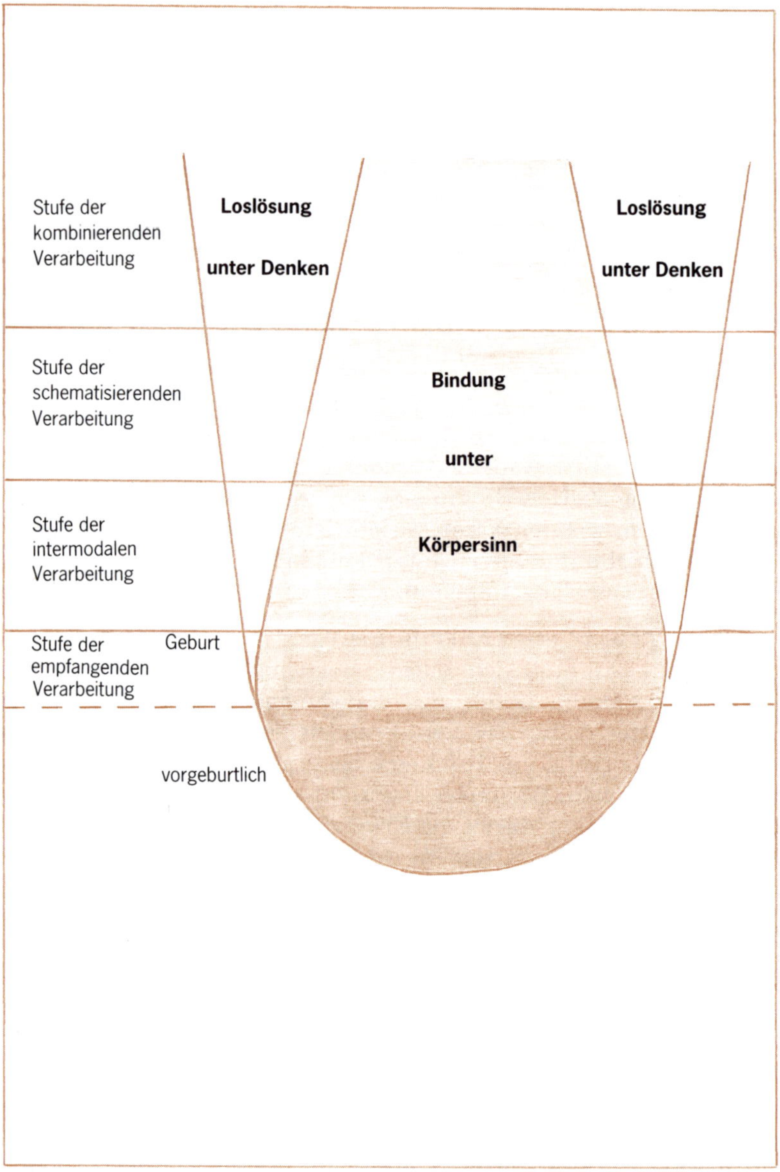

Abb. 3 Die Beziehung »Bindung unter Körpersinn« und »Loslösung unter Denken« in den verschiedenen Entwicklungsstufen.

Im Normalfall besteht zwischen Bindung und Loslösung ein Gleichgewicht. So wie der Mut und die Kraft zur Loslösung zunehmen, so läßt das Bedürfnis nach der über den Körpersinn erfahrenden Bindung nach. Über seine wachsende Vorstellungskraft kann das Kind die Bindung immer mehr verinnerlichen. Die erwachenden zentrifugalen Strebungen des Fortbewegungssinns werden in den Dienst der Loslösung gestellt, während die zentripetal wirkenden Kräfte des Tast-Sinns die Verinnerlichung bewirken.

So wie das Kind in der symbiotischen Verschmelzung bis zum 1. Lebensjahr noch nicht selbstverständlich zwischen seinen eigenen Körperteilen und denen der Mutter unterscheiden konnte – und die Hände der Mutter oft als seine verlängerten betrachtete –, so kann es sich jetzt im Zuge seiner Verselbständigung immer mehr aus der Beziehung zur Mutter heraushalten. Der *Prozeß der Loslösung* hat in zarten Ansätzen begonnen. Viele Jahre wird es in Anspruch nehmen – über die Pubertät hinaus! –, bis er abgeschlossen sein wird.

Über dramatische Gärungsprozesse wird der Mensch zur Loslösung in Stufen herausgefordert, bis er zu seinem Selbst und seiner Selbständigkeit findet. Im 2. Lebensjahr verfügt das Kind noch nicht einmal über sein »ICH«. Es ist noch immer das »ES«.

Je geborgener sich das Kind fühlt, je mehr es um die Rückversicherung weiß und darauf vertrauen kann, daß jemand da ist, der seine Enttäuschung abfängt, um so kühner und übermütiger schickt es sein »ES« in die weite Welt hinein. Es gleicht sich dem Vorbild der anderen an, tut aber auch das ganze Gegenteil von dem, was sein Vorbild von ihm verlangt. Und weil es zwischen »ICH« und »DU« noch ungenau unterscheidet und die beiden noch gelegentlich vertauscht, tut es oft auch das Gegenteil von dem, was es selber will. Anstelle »ja« schreit es sein »nein« hinaus. Der archaische haptische Sinn und der erwachende Sinn für Fortbewegung sind in großem Aufruhr, sie wirbeln sich ins Chaos der Affekte!

Das Kind stampft seinen Trotz mit den Füßen in die Erde hinein, geht mit dem Kopf gegen die Wand! Der schmerzhafte Widerstand der Materie wirft die freigewordenen gewaltigen Energien wieder zurück ins Innere. Das ist die Geburt des ICH!

Tatsächlich wird sich das Kind durch die erfreulichen Eroberungen, wie durch die schmerzhaften Grenzerfahrungen, seiner selbst immer mehr bewußt. Es wird sich auch seiner, durch all seine Körperöffnungen ausströmenden, zentrifugalen Kräfte immer bewußter und beherrscht diese Kräfte allmählich bewußt: Sprache und Ausscheidung. Anstelle des aufnehmenden Mundes tritt vorübergehend die Attraktion des sichtbaren Werkes, das Produkt seiner Ausscheidung durch den Anus* *(anal-aggressive Phase)*. Indem sich das Kind seiner Kraft und Wirkungen bewußt wird, und auch seiner Fähigkeit, Enttäuschungen zu ertragen, wird es sich auch bewußt, wie der andere wirkt und mit Enttäuschungen umgeht; es gewinnt *Bewußtsein* für sein Ich und sein Gegenüber. Das Kind entscheidet immer bewußter zwischen Ich und Du, aber auch zwischen »Mein« und »Dein«.

Es entfaltet *Durchsetzungskraft* und sein *Selbstwertgefühl*.

Das verhaltensbiologische/anthropologische Modell

Im Vergleich zu seinen nahen Verwandten des Tierreichs ist das Menschenkind zum Zeitpunkt seiner Geburt sehr unreif. Der berühmte Schweizer Anthropologe A. Portmann spricht von einer *»unphysiologischen Frühgeburt«*. Er stellte fest, daß das menschliche Neugeborene erst nach etwa 21 Monaten (nach der Zeugung) die Reife eines vom biologischen Typus her verwandten neugeborenen Tierkindes hat. Das Interessante an dieser Beobachtung ist, daß dieser Zeitpunkt sich deckt mit dem Zeitpunkt, zu dem das Menschenkind anfängt, sich aus seiner symbiotischen Verschmelzung mit der Mutter herauszuschälen.

Der Verhaltensbiologe Bernhard Hassenstein ordnet das menschliche Neugeborene dem biologischen Typus des *»Traglings«* zu. Da es in mancher Hinsicht hilfloser ist, als die sog. primären Nesthocker (z.B. Katzen, Hunde), allerdings mit Greifreflexen ausgerüstet ist, hat es nicht das Bedürfnis im Nest zu hocken, sondern am Körper der Mutter gehalten und dabei bewegt zu werden. Dieser Zustand ist erreicht, wenn das Kind getragen wird. Unter dem Halten und Tragen erfährt es Bindung, Geborgenheit und grenzgebenden Halt. Diese Stufe dauert bei den meisten Völkern der Welt so lange, bis sich das Kind loslösen kann durch das Ich.

In unserer holistischen Denkweise fällt es uns sehr schwer, die einzelnen Aspekte der verschiedenen Fachdisziplinen voneinander zu trennen. Bei näherer Betrachtung der verschiedenen Beschreibungssysteme kindlicher Entwicklung leuchtet ein, daß die im Kind veranlagten Entwicklungsstufen, unabhängig von ihrer systembezogenen Beschreibung und Benennung, immer zu einem Ganzen nach hierarchisch geordneten Gesetzmäßigkeiten streben.

* Anus = After

Krankhafte Erscheinungsformen der kindlichen Unruhe

Wenn uns in der Sprechstunde ein unruhiges Kind vorgestellt wird, dann fragen wir immer, wie lange seine Unruhe schon besteht. Besteht sie erst seit kurzem – kürzer als 6 Monate –, scheidet ein hyperaktives Syndrom in der Regel schon aus.

Die Unruhe des Kindes ist dann fast immer eine Antwort auf ein das Kind belastendes Ereignis, und wir versuchen, entsprechende Hilfen anzubieten.

Die Diagnose »hyperaktives Syndrom« beschreibt immer ein *chronisches Zustandsbild*. Unsere Frage nach Dauer und Beginn der Unruhe hat auch zum Ziel herauszufinden, welche der beschriebenen Gesetzmäßigkeiten der kindlichen Entwicklung verletzt worden waren und welche Störung das nach sich zog. Wie hat die Familie auf das unruhige Kind reagiert? Wurde diese Unruhe am Ende durch die Familie selbst ausgelöst?

Vielfältigster Art sind die möglichen Antworten und damit die Entstehungsmodelle der kindlichen Unruhe. Mal schälen sich erkennbar organische, primär verursachende Faktoren, mal die psychosozialen Faktoren als primäre Ursache heraus.

Aber immer greifen Organisches, Psychisches und Soziales ineinander, und jedes Mal ergibt sich somit ein individuell besonderes Ganzes. Um ihm gerecht zu werden, verbietet es sich, das Symptom »kindliche Unruhe« über einen einheitlichen Kamm zu scheren; auch die Anwendung eines bestimmten Medikamentes ist nicht angebracht.

Um die im Symptom sichtbar werdende gestörte Dynamik der Lebenskräfte zu verstehen, muß auch die Dynamik des Gesamtlebenslaufes des unruhig gewordenen Kindes verstanden werden.

- Welche Möglichkeiten der Wahrnehmung hatte das Kind zum Zeitpunkt der Irritation?
- Wodurch könnte das Kind damals überfordert gewesen sein?
- War das Kind schon im Mutterleib unruhiger als seine Geschwister?
- Wie fühlte sich die Mutter in der Schwangerschaft?
- War das Kind als Neugeborenes schon ein Schreier oder war es ein »pflegeleichtes« Kind?
- Ließ es sich beruhigen? Im Arm der Mutter? Im Abseits?

- Blieb es auf dem Schoß sitzen? Was waren seine Lieblingsbeschäftigungen, und welche sind es heute?
- Wodurch hat sich das Kind seine Sicherheit, sein inneres Gleichgewicht geholt?
- Sind seine Lieblingsbeschäftigungen nicht zu seinem eigenen Filter geworden und hat es daraus Marotten entwickelt?
- Welche Versuche unternimmt das unruhige Kind um sich wohlzufühlen?
- Kann es bei seinen Lieblingsbeschäftigungen ruhig werden?
- Kann es sich konzentrieren, wenn es etwas tut, was ihm Spaß macht?
- Kann es sich beruhigen, wenn es bei seinem Tun vom Erwachsenen begleitet, d. h. gesteuert wird?
- Ist es in der Zweiersituation anders als in der Gruppe, wo von ihm Eigenverantwortung und Eigensteuerung erwartet wird?

Verschiedene Fallbeispiele, die uns jetzt tiefer ins Thema einführen sollen, wollen wir bündeln nach der Verursachung der Unruhe, so wie sie sich uns in der Sprechstunde darstellt.

Fallbeispiele: Suche nach der Ursache der Unruhe

Die verkürzte Schwangerschaft

ANNA-THERESIA, knapp vier Jahre alt, schwerhörig und deshalb sachverständig in ihrer Entwicklung begleitet, kommt wegen extremer, sich ständig steigernder Unruhe. Eben wegen dieser Unruhe hatten die Eltern schon vielfältig Rat eingeholt. Die Meinungen der Fachleute unterschieden sich erheblich.

Die *Sprachtherapeuten* und der *HNO-Arzt* bringen die Unruhe in Zusammenhang mit der Schwerhörigkeit und damit, daß sich das Kind, infolge mangelhafter eigener sprachlicher Entäußerungen, unverstanden fühlt.

Die *tiefenpsychologisch* orientierten *Therapeuten* sehen in der Unruhe das gestörte Urvertrauen, denn Anna-Theresia ist ein extrem frühgeborenes Kind (Geburt in der 28. Schwangerschaftswoche, 760 g schwer), das 10 Wochen auf den Brutkasten angewiesen und insgesamt 6 Monate nach der Geburt in klinischer Behandlung war.

Die Tiefenpsychologen deckten auch auf, daß Anna-Theresia eigentlich kein erwünschtes Kind mehr war. Denn nach vielen Jahren erfolgloser Zeugungsversuche hatten die Eltern ihren Kinderwunsch schon aufgegeben, und die Mutter suchte Erfüllung in ihrer Tätigkeit als fremdsprachliche Sekretärin. Aber als die Schwangerschaft mit Anna-Theresia eingetreten wahr, lebte die Freude und Hoffnung auf ein Kind nochmals auf. Um sicherzugehen, daß das Kind gesund ist, nahm die Mutter alle Vorsorgeuntersuchungen war, sogar darüber hinaus noch eine Amniozentese, um eine schwerwiegende Störung auszuschließen. Die Eltern schwebten zwischen großer Freude über das Kind und großen Ängsten vor einer möglichen Behinderung (sie waren nicht mehr die Jüngsten), und sie beluden das Kind mit ihren Hoffnungen. Sie gaben ihm einen vollkommenen Namen, und es kam viel zu früh und ganz unvollkommen zur Welt!

Die *Neuropädiater*, die ebenfalls um Rat angegangen worden waren, belegten die Unruhe mit dem Begriff »Erethie bei drohender Mehrfachbehinderung mit autistischen Zügen« und versuchten, die Eltern dazu zu gewinnen, über verschiedene Therapiemaßnahmen (Krankengymnastik und Anbahnung des Spielverhaltens über Ergotherapie, selbstverständlich unter Fortsetzung von sprachtherapeutischen Maßnahmen) die Gefahr der über die Schwerhörigkeit hinausgehenden Behinderung abzuwenden.

Als Anna-Theresia bei uns war, bot sie das Bild eines Kindes, das zwar gerne Kontakt zu Menschen aufnimmt, diesen aber nicht durchtragen und nicht in Ruhe genießen kann. Sie war so wenig frei für die Grunderfahrung des Miteinanderschwingens, des Still-bei-der Mutter-Sitzens, daß sie es auf dem Schoß der Mutter nicht aushalten konnte, wenn sie nicht ihrem Bewegungsdrang nachgehen und ziellos Gegenstände ergreifen (und wegwerfen) konnte. Ihre Ersatzsicherheit war zweifellos die Freiheit für eigene Bewegungsimpulse und nicht die erlebnisdurchdrungene kurzkettige Erfahrung des Greifens.

Daß Anna-Theresia über Intelligenz verfügte, war daran abzulesen, daß sie mit etwa 2 Jahren schon einen Rührlöffel holte, um eine Murmel, die ihr unter den Schrank geraten war, wieder hervorzuholen. Sie konnte aber ihre Intelligenz in ihrem ungerichteten Bewegungsdrang und unter dem stereotyp anmutenden Drang, greifen und betasten zu müssen, nicht nutzen. Wenn sie so an der Wand stehend, sich selbst stimulierend, stundenlang mit der Hand über die Tapete strich, fühlten die Eltern sich von ihr ausgetrickst, weil dann Anna-Theresia für keinerlei Maßnahmen mehr zugänglich war.

Die Eltern taten sich zunächst schwer damit, zu erkennen, daß es sich bei dieser Marotte Anna-Theresias um ein Relikt einer Ersatzsicherheit aus dem Brutkasten handelte. Nachdem Anna-Theresia ihren motorischen Antrieb nicht mehr über den ordnenden Rhythmus im Mutterleib wahrnehmen konnte, war sie – im Brutkasten – gezwungen, selbst den Antrieb durch eigene rhythmische Bewegungen zu ordnen. Es war beeindruckend für uns zu sehen, wie Anna-Theresia rhythmisch erfolgendes Streicheln und Beklopfen ihres Körpers genießen konnte, wenn sie auf den Schoß genommen wurde, als wäre sie nochmals einverleibt. Wenn ihre Intelligenz sie zu Unternehmungen einer höheren Verarbeitungsstufe trieb und sie nicht mehr die symbiotische Verbindung mit der Mutter über ihren ganzen Leib wahrnehmen konnte, geriet sie in Panik.

JENS – 5 Jahre alt – kam zu uns, weil er im Kindergarten mit seiner Unruhe nicht mehr tragbar war.

Die Mutter war mit ihren beiden Kindern – mit Jens, dem Älteren, und Lina, der knapp 2jährigen –, zur Untersuchung gekommen, und beide Kinder waren während des Aufnahmegesprächs anwesend. Jens saß auf dem Schoß der Mutter, Lina neben der Mutter. Während Lina sich damit begnügte, ab und zu mit der Mutter sprachlichen Kontakt aufzunehmen und sie sich durch evtl. notwendig werdende Ermahnungen in ihrem Verhalten sofort wieder ordnete, konnte Jens mit der Situation nicht gut umgehen. Er beschäftigte die Mutter dadurch, daß er nur kurz malen wollte, aber beständig danach strebte, etwas anzufassen, das auf dem Tische lag, und er strebte alsbald vom Schoß der Mutter herunter, um im Zimmer herumzuwirbeln.

Jens war unerwarteterweise zu einem Sorgenkind geworden. Er war zwar schon immer lebhaft gewesen, aber man hat sich an seiner wilden Art erfreut, weil er damit an das Temperament des jüngsten Bruders der Mutter erinnerte. Zwar war es mühselig, mit ihm etwas zu unternehmen, z. B. einen Einkaufsbummel oder einen Zoobesuch, weil er nichts unberührt lassen konnte. Was sein Auge sah, danach mußte er greifen. Aber man ging davon aus, daß das bei den kleinen Kindern normal ist und ertrug die Qual in der Hoffnung, daß sich diese Eigenart mit der Zeit »verwächst«. Aber die Hoffnungen wurden zunichte. Jens verhält sich heute noch so unbeherrscht wie damals: Im Kindergarten muß er alles betasten, auch die Bauwerke anderer Kinder, die dadurch oft zu Bruch gehen. Wie ein Irrwisch ist er überall und nirgends richtig. Er kann im Morgenkreis nicht sitzen bleiben und bringt nichts zu Ende. Zu alledem fingen bei ihm bald nach Aufnahme des Kindergartenbesuchs auch Schlafstörungen an. Er kann nicht mehr gut einschlafen, schläft störbar und unruhig und schlägt mit dem Kopf rhythmisch auf die Unterlage, so daß die kleine Schwester, die im gleichen Zimmer schläft, dadurch wach wird und häufig weint.

Bevor Jens zu uns kam, hatten sich schon die Erzieherinnen des Kindergartens und seine Eltern Gedanken über ihn und sein Verhalten gemacht. Die einen meinten, daß Jens auf die kleinere Schwester reagiere und sich selber zum kleinen Kind mache, und die anderen sahen in ihm den kleinen Tyrannen, der zu Hause nicht gelernt hatte, sich anzupassen und sein herrschsüchtiges Verhalten nun auf den Kindergarten überträgt; man stellte die Erziehungsgabe der Eltern in Frage.

Wir prüften diese Erklärungsversuche und fanden keinen ganz zutreffend.

Jens war auch schon vor der Geburt der Schwester unruhig und ungesteuert. Und herrschsüchtig war Jens auch nicht, denn er konnte durchaus eine Lenkung annehmen und sich ihr unterwerfen, wenn er sie bekam. Er konnte nur nicht sich selbst steuern und die Verantwortung für eigenes Tun übernehmen. Wie sich am Beispiel seiner Schwester Lina erwies, die sich sogar in der fremden Situation des Sprechzimmers gut einfügen konnte, waren die Eltern durchaus in der Lage, einem Kind Lenkung und Halt zu geben. Jens hätte sie aber offenbar noch stärker gebraucht.

Solange Jens seinen Impulsen nachgeben durfte und betasten konnte, worauf sein Auge fiel, war seine Welt einigermaßen heil. Erst als er darin gehemmt wurde, im Kindergarten mit seinen Marotten in Frage gestellt war und sich infolgedessen ungeliebt fühlte, und erst als von ihm die altersentsprechende Aufmerksamkeitsspanne und Konzentration verlangt wurde, dekompensierte er und fiel in seinen elementarsten Selbsttrost zurück. Das waren seine Verhaltensmuster vom Brutkasten.

Auch er war frühgeboren und hatte mehrere Wochen im Brutkasten zugebracht. Wie viele Frühgeborene hatte er sich damals mit seinen unruhigen zappelnden Bewegungen zu beruhigen versucht. Dieses Selbstberuhigungsprogramm wurde in der frühen Zeit der Prägung in seinen Körper eingeschrieben und wurde jetzt wieder abgerufen, als er sich durch den Kindergartenbesuch, für den er noch nicht reif war, in der gleichen Leere und Hilflosigkeit wie damals befand. Zurückgeworfen auf eine frühere Entwicklungsstufe war er nicht in der Lage, ein altersentsprechendes Selbst aufzubauen und im »DU« ein Gegenüber zu sehen. Er hatte nicht die innere Ruhe entwickelt, die Voraussetzung ist für das konzentrierte Tun.

An beiden Fällen wird ersichtlich, daß die Hyperaktivität schon in einer Zeit begann, in der das Kind normalerweise noch in der ihm Rhythmus und Bewegung anbietenden Welt des Mutterleibes geborgen sein müßte. Man erkennt den Zusammenhang mit der Frühgeborenheit und man sieht, daß die motorische Unruhe des Kindes der Versuch einer Selbstheilung ist, um den Mangel der zu früh verlorenen Wahrnehmung auszugleichen. Am Beispiel von Anna-Theresia sind die Zusammenhänge sofort durchsichtig.

Bei Jens wird die Tragik des Defizits erst ersichtlich, als von ihm die Eingliederung der elementaren geordneten Bewegungsmuster in höhere Leistungen verlangt wird.

Die komplizierte Schwangerschaft

THILO, knapp 6 Jahre alt, wird uns vorgestellt zur Überprüfung seiner Schulreife: Seine Eltern sind davon überzeugt, daß er schon schulreif ist, denn mit Recht halten sie Thilo für sehr intelligent. Den Zweifel äußerte die Kindergärtnerin. Sie stellt zwar nicht die Fähigkeit zum logischen Denken bei Thilo in Frage, sondern vielmehr die Reife seiner Aufgabenbereitschaft innerhalb einer Gruppe. Die Kindergärtnerin berichtet, daß Thilo sich bei allen Arbeiten am Tisch (Ausschneiden, Papierflechten, Malen) heraushält. Allenfalls schaut er den anderen Kindern zu, aber meistens bleibt er nicht einmal sitzen. Die Eltern meinten, wenn die Kindergärtnerin sensibler wäre für das nervöse Bürschchen, hätte sie ihn vielleicht gewinnen können, und sie hoffen nun, daß Thilo in der Schule in seiner Eigenart auf mehr Verständnis stößt.

Wir stellten nun fest, daß Thilo reale Probleme hat. Tatsächlich tut er sich nämlich schwer mit dem Handgeschick und damit auch dem zeichnerischen Können, und er ist tätsächlich ungewöhnlich viel in Bewegung.

Unter der Ermahnung der Mutter bleibt er willig auf dem Stuhl sitzen, hört zu und schaut mit großen aufnahmebereiten Augen. Er führt auch willig die von uns geforderten Aufgaben aus, aber dauernd ist etwas an ihm in Bewegung. Beschäftigt er die Hände, bewegen sich die Beine wie von selber mit. Mal sitzt er mit untergeschlagenem Bein, mal wickelt er beide Beine um das Stuhlbein, mal wackelt er ziellos mit ihnen. Ständig muß er an seiner Haltung und Körperlage etwas ändern, und wenn er malt, bewegt er die Zunge mit. Es ist gut zu beobachten, daß sich seine Unruhe verstärkt, wenn Thilo gutwillig Aufforderungen annimmt, aber dabei an die Grenze seiner Leistungsfähigkeit geführt wird, wenn er unter Druck und damit unter Streß gerät. Wenn seine Eltern sagten: »Du könntest, wenn du nur möchtest!« fühlt sich Thilo unverstanden und ungerecht behandelt. Die Kränkung durch andere und die Selbstenttäuschung bewirken bei ihm die Unruhe.

Er möchte ja, aber er kann nicht.

Bei Thilo lag ein MCD-Syndrom vor.

Auf der Suche nach dem Beginn und der Ursache seiner Auffälligkeiten, erfuhren wir von der Mutter, daß sie die Lebhaftigkeit Thilos schon in ihrem Mutterleib wahrnehmen konnte, als sie wegen drohender Frühgeburtsanzeichen sich in den letzten 3 Schwangerschaftsmonaten schonen und Bettruhe einhalten mußte. Die Schwangerschaft konnte aber bis zum errechneten Termin erhalten werden, und Thilos Geburt war normal. Auch war er ein lebenskräftiges Neugeborenes. Allerdings behielt er seine Lebhaftigkeit und – wie die Eltern dachten – seine Freude an der Bewegung bei. Ihn zu wickeln war schwierig, und einmal war er der Mutter beinahe vom Wickeltisch gefallen. Er war schon mit 11 Monaten auf den Beinen, und mit 12 Monaten konnte er frei laufen. Aber er war ungeschickt und fiel als kleines Kind viel. Seine Bewegungen hatten etwas Kopf- und Zielloses.

Wir hatten Grund zu der Annahme, daß bei Thilo die Ausreifung der Sensomotorik, wie auch sein ungesteuerter Bewegungsdrang, schon im Bauch der Mutter ihren Anfang genommen hatten, weil die physiologische Anregung seiner Bewegungen und deren Filterungen bzw. ordnende Strukturierung durch die Mutter infolge der notwendigen Bettruhe unterblieben waren.

Die Ausreifungsstörung von Thilos Sensomotorik hätte auch eine genetische Ursache haben können, denn wir erfuhren in der Anamnese, daß auch Thilos Vater nicht gerne malte und bis heute zwei linke Hände hat –, aber er hatte nie Unruhe gezeigt. Zusätzlich zu der möglichen genetischen Komponente seiner Auffälligkeiten hatte Thilo eine Verstärkung seiner Symptomatik durch die Unbewegtheit (erzwungene Ruhe) der Mutter in der Schwangerschaft erfahren.

Gestörte Beziehungen

Verena, 6 Monate alt, wird vom Kinderarzt überwiesen, weil sich ihre Unruhe Tag und Nacht ins Unerträgliche steigert. Eine organische Ursache ihrer unzufriedenen Rastlosigkeit hatte er nicht ausfindig machen können, und Psychopharmaka wollte er nicht »einfach so« verordnen. Er vermutete sogar eine schwere Beziehungsstörung zwischen Mutter und Kind, weil die Mutter schon bereute, je ein Kind geboren zu haben.

Im Gespräch kristallisierte sich heraus, daß Verena ein lang ersehntes Wunschkind war, das während der ganzen Schwangerschaft mit liebevollen Gedanken von Eltern und Großeltern begleitet wurde. Schwangerschaft und Geburt waren ohne Auffälligkeiten.

Allerdings war Verena ein etwas kleines Kind gewesen, jedoch hatte die Hebamme die Mutter damit getröstet, daß sie schnell an Gewicht aufholen würde, wenn sie nur gut trinkt. Aber Verena trank nicht besonders gut. Sie nuckelte nur so an der Brust der Mutter und weinte an der Brust. Die Mutter wußte nicht recht, wie sie damit umgehen sollte, und sie versuchte alles, um Verena zu beruhigen.

Erst ging sie mit Verena auf und ab, dann versuchte sie, ihr verschiedene Körperlagen anzubieten, beklopfte sie und redete tröstend auf sie ein, nahm sie mit sich ins eigene Bett. Verena schrie und schrie und schrie.

So schlug die Fürsorge der Mutter allmählich um in Haß, weil sie sich von Verena abgelehnt fühlte und ihre Mütterlichkeit selbst in Frage stellen mußte. Am liebsten hätte sie das Kind »gegen die Wand geknallt«. Aber das tat sie natürlich nicht. Statt dessen brachte sie es ins Kinderzimmer und schloß die Türe, um Verenas Weinen nicht mehr wahrnehmen zu müssen.

Aber Verena weinte so bitterlich, daß der verlöschende Funke der Liebe in der Mutter mächtig aufflammte und sie Verena wieder zu sich und mit ins Bett nahm. Allein Verena ließ sich nicht dauerhaft beruhigen.

Zunehmend geriet die Ehe der Eltern unter Spannung, und aus verständlichen Gründen war die Mutter über die ganze Entwicklung verzweifelt.

Tatsächlich konnten wir uns hier in der Sprechstunde davon überzeugen, daß die häufig wechselnden Aktivitäten der Mutter Verena nicht beruhigen konnten. Die Mutter selber war hyperaktiv (geworden!). Beide – Mutter und Kind – schaukelten sich gegenseitig in ihrem Streß hoch. Die Hände der Mutter, die Verena Halt geben sollten, waren beständig in Bewegung und keine der Bewegungen der Mutter war für Verena vorausspürbar. Unter diesen Umständen konnte sich das Kind wirklich nicht mehr auf die Mutter verlassen und infolgedessen auch nicht mehr geborgen fühlen. Kein Wunder, daß Verena nur noch hyperaktiv reagieren konnte!

Nach dem Lauf der Dinge mußte man annehmen, daß Verena gesund geboren war. Erst die gut gemeinte Bemerkung der Hebamme brachte den Stein ins Rollen und bewirkte die Verunsicherung der Mutter gerade an der Nahtstelle, an der Verena, wenige Tage alt, bei der Mutter Sicherheit und Halt hätte spüren müssen. Gerade der in Hautnähe durchlebte erste und im geschilderten Fall unharmonisch ablaufende Dialog mußte im Kind Abwehrreflexe hervorrufen, die mit einer affektiven Muskelspannung einhergingen (»tonischer Dialog«, s. S. 21). Der Ablauf der krankmachenden Verstrickungen ist typisch und voraussagbar, sofern es nicht gelingt, den Zwiespalt, in dem Mutter und Kind sich befinden, zu bereinigen. Ähnliche Fallgeschichten kennen wir genug. Eine sei stellvertretend hier dargestellt:

JULIAN, 9 Jahre alt und im 3. Schuljahr, wird auf Anraten der Klassenlehrerin uns vorgestellt, weil er sich in der Schule nicht konzentrieren kann und mit seiner Unruhe andere Schüler stört und ansteckt.

Schon der Schulpsychologe hatte festgestellt, daß er durchschnittlich intelligent war. In der Testsituation habe er sich konzentriert verhalten. Auf Anraten des Schulpsychologen war er auch schon einem Neuropädiater vorgestellt worden, der ihm Methylphenidat – ein betäubungsmittelrezeptpflichtiges Weckamin – (im Handel als Ritalin) verordnet hatte. Dadurch war er in der Schule zwar etwas ruhiger geworden, nach wie vor ging aber eine unerträgliche Unruhe von ihm zu Hause und in Kindergemeinschaften aus, wodurch er viel Ablehnung erfuhr.

Wir haben bei unserer Anamnese und bei der Untersuchung festgestellt, daß bei ihm keine Hyperkinese vorliegt und Hyperaktivität auch nur in dem Sinne, daß er sich unentwegt bemüht, durch Reden, Necken und Nörgeln auf sich aufmerksam zu machen. Durch diese steten Provokationen zerstört Julian seine Beziehungen. Weil er bei jedem Spiel ununterbrochen nörgelt und schimpft und bei Niederlagen besonders unleidlich und aggressiv ist, gewinnt er keine Spielkameraden, und in der Schule mag keiner mehr sein Nebensitzer sein.

Julian ist einziger Sohn, und sein Vater ist maßlos enttäuscht über sein Verhalten. Mit dem schweren Herzfehler, der bei Julian in der ersten Lebenswoche diagnostiziert wurde, konnte der Vater sich noch abfinden, weil er hoffte, daß der Herzfehler eines Tages operiert werden könnte und Julian doch ein liebenswerter und strebsamer Mensch werden könnte.

Julians Herzfehler wurde tatsächlich operiert, und er spielte in Julians Leben eigentlich keine Rolle mehr. Auch hatten die Eltern den Herzfehler schon vergessen. Das Denken der Eltern war jetzt ausgefüllt mit der Suche nach der Ursache von Julians destruktiver Hyperaktivität, und sie empfanden sich als leidgeprüft.

Aber eben der Herzfehler war es, der Julians ganzem Leben die Färbung gab und auch die Erklärung für sein Verhalten lieferte:

Bis zur Operation des Herzfehlers im 8. Lebensmonat waren die Eltern angewiesen worden, Julian möglichst nicht weinen zu lassen. Deshalb hatten die Eltern bei jeder Unzufriedenheit versucht ihn zu beruhigen. Sie trauten sich nicht, ihn, wenn er darüber hinaus noch etwas anderes wollte, durchgehend tröstend in ihrem Arm zu halten. Wenn er also beispielsweise vom Arm der Mutter in den des Vaters verlangte, hatte sich die Mutter nicht getraut, ihn länger bei sich zu behalten. Wenn er beim Essen Unlust zeigte, mühten die Eltern sich, ihm aufheiternde Ablenkung zu bieten. Bei den von ihm als schwach und manipulierbar erlebten und ihm nicht den erforderlichen Halt vermittelnden Eltern konnte Julian sich nicht mehr geborgen fühlen, und er mußte sich seine Sicherheiten selbst schaffen. Er tat dies durch das ihm zuverlässigste Mittel: Weinerliches Rufen, Nörgeln, ... und er wurde davon suchtartig abhängig. Um sich angenommen zu fühlen, mußte er nörgeln. Je mehr er nörgelte, um so weniger konnten ihn andere (Eltern, Lehrer, Spiel- und Klassenkameraden) annehmen, und der Teufelskreis war geschlossen. Eigentlich war es kein Teufelskreis mehr, sondern viel eher eine Teufelsspirale, in der die Unruhe nach oben wirbelte!

Der Schlüssel für Julians Unruhe entspricht dem Schlüssel von Verenas Unruhe. Unzureichend war der Halt (das sog. Handling), den beide Kinder in der prägenden ersten Lebensphase erfuhren. Der Unterschied lag lediglich darin, daß sich in Julians Fall der krankhafte Prozeß des erzwungenen Dialogs ins Suchtartige gesteigert hatte und Julian jetzt das Bild des »kleinen Tyrannen« bot.

JAN-HENDRIK, 12½ Monate alt, großäugig, weltoffen, kommt wegen Schlafstörungen, die erst kürzlich begannen. Er wird jede Nacht einige Male wach und läßt sich durch das Streicheln der Eltern nicht mehr beruhigen. Er wird auch nicht ruhig, wenn man ihn hochnimmt, und wenn man sich zu ihm hinlegt, schreit er nur noch mehr. Wenn man ihn herumträgt, beruhigt er sich zwar, aber er schläft trotzdem nicht ein. *Eigentlich schläft er nie am Körper der Eltern ein.* Jan-Hendrick sei auch tagsüber unruhig und unzufrieden, berichten die Eltern, die beide mit zur Untersuchung gekommen waren, und alsbald können wir uns von der Richtigkeit dieser Aussage überzeugen. Es hielt Jan-Hendrik weder auf dem Schoß der Mutter noch auf dem Schoß des Vaters; er wollte hinab, wollte krabbeln, wollte hinaus. Er griff nach allem, was er bei seinen Erkundungszügen am Boden finden konnte, nur um damit Krach zu machen und es wegzuwerfen. Als wir, nur um unser Eigentum zu schützen, die Eltern bitten, Jan-Hendrik doch auf dem Schoß zu halten, bäumte er sich sofort mit aller Gewalt vom Vater weg, und der Vater gab nach und sagte entschuldigend: »Er will nicht, ich kann ihm doch nicht den Willen brechen!«

Damit war die Diagnose eigentlich klar: Aus ihrer freiheitsliebenden Weltanschauung heraus waren die Eltern bereit, Jan-Hendrik die volle Freiheit für seine Entfaltung zu geben. Sie haben aber nicht gewußt, daß sie damit ihr Kind in Streß bringen, denn bevor es freiheitlich erkunden kann, braucht es für die Entfaltung seines Denkens Halt und Strukturen (s. S. 26). Als wir die Eltern fragten, wann Jan-Hendriks Schlafstörungen eigentlich begonnen hätten, bekamen wir die von uns schon erwartete Antwort: »So mit 8 bis 9 Monaten.« Und als wir fragten, was Jan-Hendrik zu diesem Zeitpunkt schon alles konnte, hörten wir, daß er kurz zuvor angefangen hatte, selbständig zu krabbeln.

Die Eltern erinnern sich jetzt, daß Jan-Hendriks Unzufriedenheit und Unruhe *vor den Schlafstörungen* da war und der Beginn seines sie erschöpfenden Verhaltens mit dem Erwerb des Krabbelns zusammenfiel.

Die erwachende zentrifugale Kraft des Bewegungsdrangs war bei dem temperamentvollen, vitalen Buben größer als seine eigene zentripetal wirkende Kraft der Konzentration und der Verinnerlichung herzustellender Zusammenhänge und eines anzustrebenden Zieles. Daher hätte er, um in der Ausgewogenheit seiner Mitte bleiben zu können, der ordnenden und ihn leitenden, auch grenzgebenden Hand der Eltern bedurft. Da er sich in einer unstrukturierten, unübersichtlichen Grenzlosigkeit bewegte, konnte er sein Denken auf der serialen Stufe nicht ausbauen. Er blieb mit seinem Bewegungsdrang auf der Stufe des ungerichteten Handelns, und das brachte ihn in Hektik. Da niemand ihm die auf ihn einströmenden Reize ordnete, die er selbst noch nicht ordnen konnte, war er den inneren und äußeren Impulsen hilflos ausgeliefert. Die ihm wohlmeinend gegönnte Freiheit bedeutete somit für ihn Chaos und Streß, und seine Schlafstörungen waren nur Auswirkungen dieses Stresses.

Da das Denken in dieser Entwicklungsstufe von bestimmten einfachen Schemata abhängig ist, hätte Jan-Hendrik von den Eltern eindeutige Reaktionen auf seine Erkundungsversuche erfahren müssen – ein klares, im voraus denkbares »Ja« ebenso wie ein klares, voraussagbares »Nein«. Weil ihm die Eltern diese Eindeutigkeit nicht vermittelt haben, konnte er sich, wie die beiden Kinder Verena und Julian, auf seine Eltern nicht mehr verlassen, und infolgedessen konnte er sich auch nicht mehr bei ihnen fallenlassen. Das war der Grund, weshalb er auf ihrem Arm nicht mehr in den Schlaf fand.

Verlust von übersichtlichen Strukturen in der beginnenden Phase der kombinierenden Verarbeitung

ROLAND, um 6 Jahre alt und Einzelkind, kommt, weil seine Kindergärtnerinnen der Meinung sind, er sei sonderschulbedürftig. Sie begründen ihre Empfehlung dadurch, daß Roland sich aus Gruppenaktivitäten heraushält. Er schaut viel lieber aus dem Fenster und trommelt unruhig mit den Fingern gegen die Scheibe oder aber er springt im Zimmer ziellos umher und führt wedelnde Handbewegungen aus, wobei er in einem fort Sing-Sang-Werbespots vor sich hin sagt. In einen echten Dialog tritt er selten ein. Er redet und fragt zwar pausenlos auf andere ein, erwartet aber eigentlich keine Antwort.

Wenn er dazu gebracht werden kann, auf dem Stuhl zu sitzen, so neigt er dazu, seinen Antrieb durch Zerreißen von Papier abzuleiten. Zum freien Spiel ist er überhaupt nicht fähig. Die Kindergärtnerinnen halten Roland für ein autistisches Kind und geistig behindert. Wir haben ihn testpsychologisch untersucht, und tatsächlich ist er nicht besonders gut begabt, jedoch nicht geistig behindert. In der Zweiersituation gelingt es, ihn zu steuern, indem man seine Marotten nicht zuläßt und seine Aufmerksamkeit eindeutig auf die Testaufgaben lenkt. Auch haben wir festgestellt, daß der Junge keinen eindeutigen Autismus hat. Er strebt durchaus die menschliche Beziehung an, wenn auch mit unzweckmäßigen Mitteln. Wenn er aber beispielsweise in Not ist, sucht er die Hilfe bei ihm vertrauten Personen und flüchtet nicht in seine Marotten, wie es der Autist tun würde.

Die Eltern berichten, daß er bis zum Alter von $2^1/_2$ Jahren ein für sie unauffälliges und fröhliches und ausgeglichenes Kind war, das konzentriert spielen und dabei auch geistig kombinieren konnte. Er spielte mit Puppen, Teddys, Autos und war gut zu haben.

Er gedieh so gut, daß die Eltern ihn mit bestem Gewissen in Tagespflege bei den Großeltern und der bei ihnen lebenden unverheirateten Tante ließen. Roland war seit seinem 6. Lebensmonat tagsüber im Hause der Großeltern. Die Großeltern wohnten nicht weit, waren in der Kinderbetreuung durch ihre eigenen vier Kinder erfahren, und die Tante konnte es besonders gut mit Roland. Roland hatte es also wirklich gut.

Das Unheil begann für ihn, als die Oma plötzlich verstarb und dadurch für ihn eine Kette entwurzelnder Ereignisse einsetzte.

Der Großvater veränderte sich und damit das ganze emotionale Klima in der Familie. Die Tante zog weg, die Mutter blieb für kurze Zeit zu Hause, aber der Vater wechselte zu diesem Zeitpunkt die Arbeit, war viel im Außendienst tätig und kam nur noch selten heim. Roland kam nun in Tagespflege in ein Pflegenest. Hier geriet er in eine Außenseiterrolle und fing mit dem Sing-Sang seiner Werbespots an, um »mitreden« zu können.

Bis zum Tod der Oma war Roland *sicher kein* hyperaktives Kind. Seine Ich-Kräfte waren aber noch zart und verletzlich und hätten deshalb noch der Rückkoppelung und Formung durch ein konstantes »Du« bedurft. Die schockartig erlebten, untereinander verzahnten Verunsicherungen konnte er mit eigener Kraft nicht überwinden und verarbeiten, und so hörte Roland auf, sich auf der altersgemäß schon erworbenen Stufe der kombinierenden, zielgerichteten Verarbeitung zu realisieren. Er flüchtete in frühere

Entwicklungsstufen, indem er sich nunmehr hauptsächlich stereotyp selbst stimulierte. So konnte er die Sprache auch nicht mehr als Symbolmittel der Kommunikation benutzen, und auch mit ihr ging er im Grunde nur noch selbststimulierend um.

Der dekompensierte Erstgeborene

BERND, 7 Jahre alt, im 1. Schuljahr, wird von seiner Lehrerin zu uns geschickt. Seine Intelligenz kommt im schulischen Bereich wegen seiner Nichtseßhaftigkeit nicht zum Tragen. Es litt ihn einfach nicht auf dem Platz, wenn die anderen Kinder noch schrieben. Anbinden wollte die Lehrerin ihn nicht. Doch hält sie das manchmal für die einzige Lösung. An manchen Tagen klagte Bernd schon morgens über Bauchweh und wollte nicht in die Schule, und so war auch seine Familie in Sorge um ihn.

Die oberflächliche Betrachtung seiner Lebensgeschichte zeigt auf, daß er bis zur Einschulung eine glückliche Kindheit hatte. Er war von zwei Buben der Erstgeborene und mit dieser Rolle immer zufrieden. Eine tiefergehende Analyse seiner Geschichte deckte jedoch auf, daß er nur unter ganz bestimmten Bedingungen mit seiner Rolle als Erstgeborener zufrieden war.

Um seiner Eifersucht gegen den jüngeren Bruder vorzubeugen, haben die Eltern das Bewußtsein des »großen Bruders« in ihm veranlagt. Er konnte sich geliebt und angenommen fühlen, wenn er der Vernünftige, der Tapfere, derjenige war, der schon alles weiß und kann und auf alle Fälle mehr als der kleinere Bruder. Solange er diese Rolle wahrnehmen und leben konnte, war alles gut. Und so war es auch im Kindergarten noch. Zwar spürte er, daß manche Kinder im Zeichnen geschickter sind als er. Doch konnte er der Konfrontation ausweichen und sein scheinbares Versagen vertuschen. Aber in der Schule mußte er sich dem Problem stellen, und er kam in Konflikt. Es mutete seltsam an, wie der Erstkläßler nach einigen Monaten genau wußte, wer in seiner Klasse besser lesen, besser schreiben, zeichnen oder rechnen konnte als er. Und nur um dies herauszufinden, war er in Unruhe. Er war tatsächlich stets unterwegs, um sich darüber ein Bild zu verschaffen. Er hielt Ausschau nach tatsächlichen und potentiellen Rivalen! Hauptsächlich suchte er ständig den Beweis, daß er doch der Beste sei.

Bernd hatte seine Geborgenheit an den jüngeren Bruder verloren, seine Ersatzsicherheit lag in der Rolle des großen, alles besser wissenden Bruders. Er kompensierte die verlorengegangene Sicherheit mit der Rolle des Überlegenen. Als er aber seine Überlegenheit verlor, dekompensierte er, was sich in seiner Unruhe und den häufig geklagten psychosomatisch bedingten Leibschmerzen widerspiegelte.

Kind geschiedener Eltern

Roberto, 4 Jahre, lebt mit seiner Mutter in einer Einzimmerwohnung und wird uns wegen seiner zunehmenden Unruhe vom Jugendamt geschickt. Die Mutter hatte sich von ihrem italienischen Mann getrennt. Der Vater kann sich aber damit nicht abfinden und versucht nun, durch das Kind die Frau wieder zurückzugewinnen. Offiziell darf er sein Kind alle zwei Wochen sehen. Doch erzwingt er sich weitere Kontakte, indem er dem Kind auflauert. Roberto sieht ihn gern. Bloß weiß er niemals, wann er den Vater trifft. Manchmal trifft er ihn, wenn er in den Kindergarten geht; manchmal sieht er den Vater am Gartentor warten und nach ihm Ausschau halten, wenn er auf dem Balkon steht. Wenn der Vater sagt: »Komm«, muß Roberto sagen: »Ich kann nicht«. Wenn Roberto sagt: »Komm doch rauf«, muß der Vater sagen; »ich kann nicht; die Mamma will es nicht!« Und die Mutter will es wirklich nicht. Denn, wenn sie Roberto so mit dem Vater reden hört, zerrt sie ihn immer weg vom Balkon und läßt die Türe knallen, so daß die Fensterscheiben dröhnen und die ganze Einrichtung wackelt. Aber dann gibt es Tage, an denen sie ihn sorgfältig kleidet und unten am Gartentor abgibt, wo der Papa wartet, und sie sagt zum Abschied: »Sei brav, du Lieber!« Der kleine Junge fühlt, daß er weder dem Vater noch der Mutter sagen kann, daß er den anderen mag. Ja – er darf nicht einmal erzählen, was er mit dem anderen erlebt.

Die Mutter hält ihn tatsächlich in der kleinen Wohnung unter Verschluß, hauptsächlich deshalb, weil sie die nicht vorauszuahnenden Begegnungen mit dem Vater fürchtet. Der temperamentvolle Roberto leidet zusehends darunter, und wie ein gefangener Tiger versucht er seine Vitalität abzuleiten, indem er von Wand zu Wand rennt und die teuren Geschenke, die er vom Vater erhält, in der Gegend herumwirft.

Wir bestätigen die Mutter in ihrer Annahme, daß die Unruhe Robertos reaktiv und Folge ihres Zerwürfnisses mit dem Vater ist. Tatsächlich konnten wir im Falle Robertos keine andere Ursache für seine Hyperaktivität finden. Er hatte wirklich bis zum Aufbrechen der Spannungen zwischen den Eltern über einen ausgeglichenen Bewegungsantrieb verfügt und konnte seine Aufmerksamkeit altersentsprechend auf seine eigenen Tätigkeiten, aber auch auf die anderer richten. Weil er bei keinem Elternteil mehr ganzheitlich und demzufolge auch nicht mehr in sich selber ruhen konnte, fühlte er sich zerrissen, und seine Lebensenergie konnte nicht mehr fließen. So schlug seine unerlöste Lebensenergie um in eine sich stetig steigernde Nervosität.

Organische Ursachen

EVELYN – $5^{4}/_{12}$ Jahre alt – wird uns vom Sprachheilkindergarten geschickt, weil sie sprachlich retardiert (zurückgeblieben) ist und sich auch im Sprachheilkindergarten schwer tut, in die Gruppe hineinzufinden. Sie ist ungesteuert und umtriebig, so »als hätte sie einen Ameisenhaufen verschluckt« (so ihre Kindergärtnerin). Sie wirkt aber auch intelligenzmäßig schwach, und so ist es der Kindergärtnerin unklar, ob sie in der Sprachheilschule überhaupt eingeschult werden kann.

Die an uns gestellte Frage lautete nun: Liegt ein echter Intelligenzmangel bei dem Kind vor oder aber ein Mangel an Konzentrationsfähigkeit, der seine Intelligenzentwicklung blockiert.

Wir sahen ein kleinwüchsiges, untergewichtiges, quirliges Mädchen mit unsicheren Zielbewegungen und unsicherem Gang. Die Analyse ihres Spielverhaltens und ihrer zeichnerischen Gestaltungsfähigkeit deckte auf, daß sie nicht über wirkliche Phantasie verfügte, sondern in all ihrem Tun nur bekannte Schemata wiederholte. Die Untersuchung ihrer Intelligenzstruktur ergab einen Gesamt-IQ von 82 (normal ist ein IQ von 100) und bestätigte, daß sie ganz überwiegend das schematisierende, an Regeln und Strukturen orientierte Denken einsetzte, daß ihr aber ein freies kombinierendes Denken nicht zur Verfügung stand. Sie wußte sich z. B. keinen Rat als wir sie fragten, wie sie einen unter einen Schrank gerollten Ball wiedergewinnen könnte. Dabei versicherten die Eltern glaubhaft, daß sie zu Hause durchaus in der Lage ist, ihren unter den Schrank gerollten Ball wieder zurückzugewinnen. Auch im Hinblick auf Zahlenbewußtsein und Mengenverständnis wurde deutlich, daß sie nur ein mangelhaftes und nicht altersentsprechendes Abstraktionsvermögen hat. All diese Befunde wiesen daraufhin, daß ihre sprachlichen Auffälligkeiten in Wahrheit auf eine Intelligenzminderung zurückzuführen sind.

Evelyn war aber nicht nur sprachlich und in ihrem Verhalten auffällig, sondern auch in ihrem Äußeren: Sie hatte einen verhältnismäßig kleinen Kopf, tief angesetzte Ohren, eine merkwürdig lange Oberlippe und kurzen Nasensteg, ihre Lidachsen standen auffällig, und sie trug mehrere Muttermale an ihrem Körper. All dieses veranlaßte uns, bei Evelyn ein in der Frühschwangerschaft gesetztes Fehlbildungssyndrom anzunehmen, und wir tippten auf das sog. embryofetale Alkoholsyndrom. Dies würde bedeuten, daß Evelyns Mutter vor und während der Schwangerschaft mit Evelyn alkoholkrank gewesen war. Die gezielte Befragung der Mutter bestätigte unseren Verdacht.

Evelyns Unruhe und Quirligkeit durfte damit nicht nur als Streßsymptom und als Ausdruck einer Überforderung durch das ihrer Leistungsfähigkeit nicht ganz angemessene Niveau des Sprachheilkindergartens gedeutet werden. Vielmehr hatte ihre Unruhe eine organische Ursache.

Durch die permanente Alkoholeinwirkung hatte ihr Gehirn schon in einem frühen Stadium der Schwangerschaft eine Fehllenkung der Entwicklung erfahren.

Bernhard, 14 Monate alt, irgendwie unkindlich bekümmert und grau aussehend, übellaunig, unstet, macht sich an der Spielzeugkiste unseres Sprechzimmers zu schaffen, indem er ohne rechte Anteilnahme mit der Hand einfach darin herumfummelt und mit den Klötzchen klappert. Ohne ersichtlich äußeren Anlaß, wirft er sich plötzlich auf den Rücken, wälzt sich am Boden und quengelt. Als ihn der Vater auf den Schoß nehmen will, quengelt er noch lauter, will runter und zu der Mutter hin. Aber auch von ihr nimmt er nicht Trost und Ruhe an, will alsbald wieder von ihr weg und weiß nichts mit sich anzufangen. Die Eltern waren direkt zu uns gekommen, ohne vorher den Rat ihres Kinderarztes eingeholt zu haben, weil sie ganz davon überzeugt waren, daß Bernhard ein psychisches Problem hat. Dieser Überzeugung waren sie deshalb, weil Bernhard ihr Pflegekind ist, das im Alter von 6½ Monaten in ihre Familie gekommen war. Sie hatten das ungute Gefühl, daß Bernhard nicht immer so unruhig und unleidlich war, sondern vielmehr in ihrer Familie in dieses Verhalten geraten war. Sie möchten gerne wissen, ob Bernhards Unruhe in einem Zusammenhang zu sehen ist mit den Kontakten zu seiner Mutter, die ihn alle 14 Tage besucht, und ob man die Kontakte nicht eher einschränken oder besser ganz abstellen sollte.

Zunächst haben wir uns bemüht, eine Behinderung auszuschließen. Nach den Entwicklungsrastern entsprach Bernhards Entwicklungsstand ganz der Altersnorm und dennoch konnte er in seinen spontanen Handlungen seine Intelligenz meist nicht nutzen. In Zeiten, in denen sich Bernhard wohl fühlte, konnte er beispielsweise Sandförmchen schon geduldig füllen und hatte ungefähr einen Wortschatz von 10 Wörtern zur sinnvollen Benutzung. Aber wenn er sich unwohl fühlte, fiel er in seinen Fähigkeiten auf die Stufe eines 6 bis 7 Monate alten Kindes zurück.

Man hätte bei Bernhards Geschichte und seiner jetzigen Situation eine psychische Ursache für sein unruhiges Verhalten annehmen können. Das ungesunde Aussehen Bernhards hielt uns aber davon ab, leichtfertig eine organische Verursachung auszuschließen, zumal die Pflegeeltern bei gezielter Befragung von gelegentlich zerfahrenen und übelriechenden Stühlen berichteten. Wir veranlaßten daher die klinische Durchuntersuchung in unserem Hause. Tatsächlich konnte man bei Bernhard eine Kuhmilchunverträglichkeit nachweisen, und diese hatte sich in der Pflegefamilie herausgebildet, denn bis zur Aufnahme in der Pflegefamilie war Bernhard noch von seiner Mutter gestillt worden.

Die Ursache für Bernhards Unruhe war also schnell aufgedeckt worden und ebenso schnell war die Unruhe behoben. Als Bernhards Ernährung korrigiert war, war er ein ausgeglichenes tatkräftiges Kind.

Bernhard hatte in mancherlei Hinsicht Glück: Die Fürsorge seiner Pflegeeltern und die Untersuchung an einer Kinderklinik, die daran gewohnt ist, interdisziplinär zu denken! Bernhards Weg hätte auch ganz anders aussehen können. Seine Spielunfähigkeit hätte durchaus auch Anlaß sein können, ihn sofort in eine Beschäftigungstherapie zu geben, die er dann höchstwahrscheinlich bei seiner Verstimmung verweigert hätte, und das wiederum hätte den Anlaß bilden können, ihn zum Verhaltenstherapeuten zu schicken... Oder aber, wenn die Pflegeeltern zunächst den Rat eines tiefenpsychologisch orientierten Therapeuten aufgesucht hätten – hätte Bernhards Geschichte genug Stoff abgegeben, in den affektiven Spannungen der Pflegeeltern zur leiblichen Mutter zu wühlen ...

Harald, 9 Jahre alt, uns schon bekannt seit seinem 6. Lebensjahr wegen seiner autistischen Züge. Diese äußerten sich in motorischen Stereotypien, durch die er versuchte, seine extreme Bewegungsunruhe abzuleiten (Wedeln und Klatschen mit den Händen, Schnalzen mit den Fingern, Herumkreiseln im Zehenspitzengang) und in zwangshaften Vorlieben für Gegenstände (Uhrwerke und Kräne zu Lasten des Interesses für Menschen sowie in zwanghaften Vorlieben für Schokolade). Aufgrund vielseitiger Programme gelang es, Haralds Interesse mehr auf die Menschen als auf Gegenstände zu lenken. Er wurde insgesamt sozialer, verschmust, hilfsbereit und lernbegierig und fand in der Schule Freunde. Aber seine motorische Unruhe hörte nicht auf, und in der Schule, die er im übrigen mit gutem Erfolg besuchte, mußte er häufig ermahnt werden, sein Reden mit den Nachbarn einzustellen und nicht mit Papier zu rascheln.

Die Klagen des Lehrers veranlaßten die Eltern, nach weiteren Hilfen zu suchen. Sie fanden Anschluß an eine Selbsthilfegruppe für hyperaktive Kinder und erhielten dort den Rat, phosphathaltige Nahrungsmittel zu meiden. Diese Diät bewirkte bei Harald in wenigen Tagen die ersehnte Beruhigung. Es muß angenommen werden, daß bei Harald zwei im Grunde voneinander unabhängige Störungen vorlagen, deren Auswirkungen sich über Jahre bei ihm gekoppelt und potenziert haben. Auf der einen Seite waren es die autistischen Züge, die von einem monatelangen Krankenhausaufenthalt im Säuglingsalter herrührten, und auf der anderen Seite lag bei Harald wohl die sog. Phosphatüberempfindlichkeit vor, die sich erst im Laufe der Kindheit herausgebildet und zu erkennen gibt.

SASCHA: 12 4/12 Jahre alt, verbreitet Unruhe, eine entsetzliche Unruhe, wo immer er auch auftritt. Auch ihn kennen wir schon viele Jahre. Wir haben ihn mit therapeutischen Programmen durch die Grundschulzeit begleitet, und jetzt ist er ein ziemlich erfolgreicher Realschüler. Er könnte ein noch besserer Schüler sein, wenn er sich noch mehr konzentrieren und mehr zusammennehmen könnte. Immerhin ist er noch so rücksichtsvoll und kameradschaftlich, daß ihn seine Mitschüler trotz seiner Unruhe mögen. Unwillkürlich gerät er überall – wegen seiner Unruhe – in eine Mittelpunktsrolle, ohne daß er danach wirklich verlangen würde.

Er war auch willig und anpassungsbereit, als wir ihn auf seine Intelligenz hin untersuchten. Er kreiselte zwar auf seinem Stuhl, verließ ihn aber nie und konzentrierte sich auf jede einzelne gestellte Aufgabe. Es war grotesk, wie er, in beinahe artistischer Höchstleistung auf dem Stuhl verbleibend, die anspruchsvollsten intellektuellen Leistungen vollbrachte.

Irgendwie wirkte er ganz normal, ohne allerdings sich ganz normal verhalten zu können. Und so stellte sich auch seine ganze Lebensgeschichte dar:

Er sei schon im Mutterleib unruhig gewesen. Die Mutter sagte: Ich meinte schon damals, er springt mir davon. Entweder war er wie wackelnder Pudding und ich hatte Mühe, ihn in Form zu halten. Schon das Wickeln war schwierig, und niemals konnte ich mich vom Wickeltisch auch nur einen Schritt entfernen, aus lauter Angst, Sascha könnte mir herunterfallen.

Alle unsere Bemühungen, die Ursache für Saschas Unruhe aufzudecken, landeten im Leeren. Seine Eltern hatten sich wirklich auf ihn gefreut. Seine Geburt war termingerecht ohne Komplikationen. Die Familienverhältnisse waren intakt, und es gab keine Geschwisterproblematik, bis auf die Hyperaktivität auch keine andere Teilleistungsstörung.

Nach vielen erfolglosen anderen Therapieansätzen haben wir ihn schließlich auch in das Therapieprogramm »Ritalinbedürftige Kinder« eingeschleust. Wir gaben 0,3 mg/kg Körpergewicht verteilt auf 2 Dosen (morgens und mittags) 3 Tage lang, und wir hörten, daß Sascha in der Schule merkwürdig ruhig und zu Hause beachtlich beherrschter in seinen Bewegungen und Lebensäußerungen war. Die wachmachende Wirkung des Aufputschmittels »Ritalin« hatte bei Sascha bewirkt, daß er auf sich selber achten und für sich selber Verantwortung übernehmen konnte.

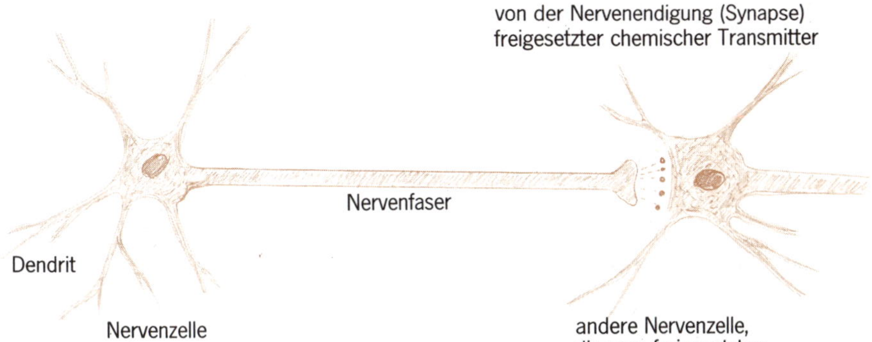

Abb. 4 Die Darstellung zeigt, wie eine Botschaft im Nervensystem weitergegeben wird. Man nimmt an, daß Stimulantien die Übermittlung der Botschaft erleichtern und so beim Kind die Konzentrationsfähigkeit verbessern.

Tatsächlich kann man hier davon ausgehen, daß es sich um eine organische Störung im Sinne von Stoffwechselstörung auf einer bestimmten Stufe im ZNS* und Körper handelt. Vor allem sind die Überträgersubstanzen, die an den Synapsen einwirken, betroffen. Wir haben schon davon gesprochen. Das Weckamin Ritalin schaffte den Ausgleich. Offensichtlich war bei Sascha nichts anderes am Werk als die Dysfunktion in der Verteilung der Überträgersubstanzen, die man medikamentös tatsächlich beeinflussen konnte.

Die komplexe Situation

Max, 4 Monate alt – ein Schreier Tag und Nacht –, aber gesund aussehender Säugling, wird uns auf Wunsch der Eltern vorgestellt, weil sie an der vom Kinderarzt gestellten Diagnose »3-Monats-Koliken« zweifelten. Max hatte schon wenige Tage nach der Geburt angefangen zu schreien; obwohl er von den Eltern – aber auch den Großeltern – viel Zuwendung erfährt und nach jeder Mahlzeit gewissenhaft über die Schulter hängend getragen wird, damit er auch sein »Bäuerle« machen kann, weint und schreit er. Die Eltern lösen sich in den Nächten beim Tragen und Trösten ihres Kindes ab. Die Großeltern springen an den Wochenenden gelegentlich ein, um den El-

* (Zentralnervensystem)

tern Entlastung und den notwendigen Schlaf zu geben und machen die Erfahrung, daß Max im fahrenden Auto zuverlässig zu beruhigen ist. Der Großvater wäre deshalb bereit gewesen, Max zur Beruhigung durch die Nächte zu fahren. Aber die Eltern wollten dies nicht, weil sie ganz davon ausgingen, daß die Probleme, die Max hatte, nur 3 Monate dauern, und sie trauten sich zu, diese Zeit aus eigener Kraft durchzuhalten. Aber ihre Kraft drohte nun auszugehen, weil Max, schon auf den 5. Monat zugehend, immer noch schrie und dies, obwohl ihm der Kinderarzt nach gründlicher körperlicher Untersuchung schon verdauungsanregende und blähungslindernde Tropfen verschrieben hatte.

Können die 3-Monats-Koliken denn länger als 3 Monate dauern? Sind es überhaupt Koliken, was die Kinder so schreien und weinen läßt? fragen die Eltern. Wir müssen zugeben, die Situation, in der sich der kleine Max und seine Familie befand, schien uns schon etwas verfahren. Die Tatsache aber, daß sich Max im fahrenden Auto doch beruhigen ließ, lenkte unser Denken von Verdauungsbeschwerden ab und veranlaßte uns anzuraten, ihm nur eine bestimmte Art beruhigender Tröstung zu geben: Entweder ihn ins Ehebett zu nehmen und ihn (ruhend) im Arme zu halten und damit ihm Konstanz des Körperkontakts zu geben oder aber neben dem Ehebett ihn in eine Wiege oder Hängematte zu legen, um ihm die Konstanz des Rhythmus zu geben.

Wir ließen unsere Empfehlung zunächst als Test laufen und baten um Rückkoppelung nach einer Woche, und siehe da: In der Hängematte, für die sich die Eltern entschlossen hatten, konnte Max durchschlafen und auch am Tag war er viel zufriedener. Seine »Koliken« hatten also aufgehört.

Offensichtlich forderte Max mit seinem Schreien von dem Mutterleib her gewohnten Rhythmus heraus, den er mehr als ein anderes Kind vermißte. Statt dessen hatte er eine Vielfalt von Unregelmäßigkeiten und Unberechenbarkeiten bekommen. Der Verdacht auf kolikartige Leibschmerzen war nicht so unbegründet, denn je mehr Max schrie und darüber Luft verschluckte, um so mehr hatte er Blähungen, und je mehr Blähungen er hatte, um so mehr schrie er.

MARCEL, ein brillentragender 14 2/12jähriger, hochaufgeschossener spindeldürrer Junge, erregt schon im Wartezimmer Aufsehen. Laut doziert er mit hoher monotoner Stimme und erklärt seiner Mutter, wie er die Daten seiner Lehrer und seiner Mitschüler, deren Geburtstag, Adressen, Körpergröße, Gewichte, Interessen ... in seinem Computer eingespeichert hat. Dabei springt er immer wieder auf, stellt sich vor die Mutter und versucht, sie mit seinen fuchtelnden Bewegungen zur Aufmerksamkeit zu drängen. Die Mutter versucht zuzuhören, obgleich sie mit den anderen Wartenden viel lieber über die Sauberkeit des Strandes von Jesolo und den Verfall von Venedig mitdiskutieren würde. So hört sie ihrem Sohn unter Wahrung von Blickkontakt nur mit halbem Ohr zu, gibt ihm von Zeit zu Zeit auch zustimmend Antworten, obwohl offenkundig ist, daß sie die Thematik nicht sonderlich interessiert und sie auch nichts von ihr versteht. Im Sprechzimmer verhält sich Marcel äußerst artig insofern, als er ungefragt nicht spricht, aber wenn man ihn etwas fragt, gerät er in einen Redefluß. Wird ihm der Redefluß unterbrochen, so schlägt seine unerlöste Lebensenergie um in einen Blinzeltic und leises Trommeln mit den Fingern auf der Stuhllehne. Als die Mutter ihn ermahnt, das Trommeln zu unterlassen, steckt der die Hände in die Hosentasche und trommelt dort, nur ungenügend vor Sicht geschützt, weiter.

Die Mutter berichtet, daß *diese* Art von Hyperaktivität es war, die sie bewog, ihren Sohn noch einmal bei uns vorzustellen (er war in der Kleinkindzeit wegen minimaler Bewegungsstörungen in krankengymnastischer und heilpädagogischer Behandlung in unserer Klinik gewesen). Und sie berichtet, daß sie von allen Seiten Klagen über ihren Sohn hört, weil, wo immer er sich befindet, er entweder mit seinem pausenlosen Reden oder mit seinem Zappeln stört, meist aber mit beidem. Sie vermeidet schon mit ihm in Urlaub zu gehen oder sonst irgendwie zu fremden Leuten. Eigentlich war alles in den letzten Jahren nur immer schlimmer geworden, weil Marcel nur nach stundenlangem Wackeln mit dem Kopf oder Schaukeln auf den Knien einschlafen kann. Sie hatte ihn, um ihn nicht als Sonderling auszuweisen, beispielsweise nicht mit ins Schullandheim gehen lassen. Marcel war dies aber willkommen, weil er sowieso lieber bei seinem Computer bleiben wollte und nur solche Kontakte pflegt, wo er dieses Interesse einbringen kann. Nach seinen anderen Interessen befragt, offenbart Marcel die Öde seiner Seele: Kreuzworträtsel, zwecklose Verzeichnisse von Namen und Adressen ... Fahrpläne.

Marcel war bis zu seinem 3. Lebensjahr in unserer Behandlung gewesen. Schon damals war aufgefallen, daß die Mutter sich sehr schwer tat, unsere Ratschläge umzusetzen. Es fiel ihr so schwer, Marcel mit anderen Kindern spielen zu lassen, hauptsächlich deshalb, weil sie befürchtete, es könnte ihm wegen seiner Ungeschicklichkeit etwas zustoßen.

Wie sich in unserem jetzigen Gespräch herausstellte, tat sie sich aber auch schwer, zu Hause bei Marcel irgendwelche motorischen Aktivitäten zuzulassen. Sie fürchtete, er könnte infolge seiner Ungeschicklichkeit in der Küche etwas zerschlagen, und er könnte mit seiner Unruhe die Nachbarn belästigen. ...Sie konnte es selber nicht ertragen, wenn er mit dem Ball gegen das Porträt ihres Vaters ballerte. ...Sie ging darauf ein, daß er Zahlenreihen gerne aufsagte, sie mit seinen endlosen Warum-Fragen fesselte. Es lag beiden Eltern viel daran, seine Intelligenz zu fördern...

Als wir Marcel damals aus unserer Behandlung entlassen hatten, war er motorisch unauffällig, und er befand sich auf der Stufe der kombinierenden Verarbeitung (s. Schema, S. 22/23). Er hatte aber schon erste Ansätze des Trotzes. Schon damals hatte er mit dem Kopf vor dem Einschlafen gewackelt, und wir hatten der Mutter geraten, ihn in den Arm zu nehmen oder sich zu ihm zu legen oder ihn in den Schlaf zu wiegen, damit er sich nicht selbst in den Schlaf einwiegen muß. Aber auch diesen Ratschlag konnte die Mutter (konnten die Eltern) nicht umsetzen. Über den Schatten ihrer eigenen autoritären Erziehung, die die intellektuelle Leistung stets der körpernahen Wahrnehmung und dem leiblichen Genuß vorzog, konnten die Eltern nicht springen. In diesem Sinne waren Marcels Eltern unbewußt und ungewollt kinderfeindlich. Wegen dieser Starrheit innerhalb der Familie hatten wir damals Marcel und seine Familie in eine familientherapeutisch orientierte Beratungsstelle weiterempfohlen.

Wie wir jetzt nach Jahren erfuhren, waren die von uns noch angelegten Kontakte aber niemals eingelöst worden. Durch die überfürsorgliche Abschirmung durch die Familie war Marcel auf der Stufe der eigenen kombinierenden Verarbeitung blockiert worden. Die Folge war, daß er seine Ich-Identität nicht wirklich aufbauen konnte, und daß er sich, ebenso wie er sich nicht traute, neue und damit eigene Bewegungsräume zu erobern, nicht traute, eigene Denk- und Handlungsaktivitäten auszubauen.

Marcel war nichts anderes übriggeblieben als seinen Antrieb in bestimmte – von den Eltern geduldete – Aktivitäten einzuleiten. Diese waren meist intellektueller, aber so gut wie nie körperlicher Art. Die ihm zugestandenen Spuren der Selbstverwirklichung waren für seinen in der Pubertät anschwellenden Antrieb zu schmal, und so blieb ihm nur, den Überschuß an Antrieb in einen unseligen Redezwang und in stereotyp anmutende Bewegungsschablonen abzuleiten.

Bei Marcel kamen mehrere krankhafte Einflüsse zusammen: Er wohnte in einem hellhörigen Mehrfamilienhaus in der Großstadtmitte, in dem er das einzige Kind war. Die Mitbewohner waren fast ausnahmslos ältere Leute, die Lärm nicht mochten und sich bei Marcels Mutter beklagten, wenn Marcel einmal lebendig war. Seine übermäßig artig erzogene Mutter konnte den Tadel schlecht aushalten, und so hemmte sie Marcel, wobei es ihr nicht bewußt war, daß sie ihn hemmte, weil sie selbst von ihren Eltern bewegungsarm erzogen und zu mehr intellektueller Tätigkeit angeleitet worden war. Bis zu einem gewissen Grad war auch Marcels MCD an seinem jetzt aufbrechenden hyperaktiven Verhalten schuld. Wäre er motorisch tüchtiger gewesen, hätte er sich vielleicht auch in der ihn umgebenden kinderfeindlichen Welt durchsetzen und seinen Antrieb altersangemessen ableiten können.

Solche Marcels treffen wir häufig unter Heranwachsenden, die lernbehindert bzw. leicht geistig-behindert und von ihren Eltern überbehütet sind. Die Überbehütung kommt aus der Sorge der Eltern, das weniger intelligente Kind könnte in der Welt straucheln, ausgenützt oder verführt werden.

Der Vorstellung des 11jährigen David ging der Brief seiner Lehrerin voraus: »David stößt Leute, die er mag und die er eigentlich als Freunde gewinnen will, durch sein Verhalten immer wieder vor den Kopf. Auch mir gegenüber kennt er seine Grenzen nicht. Ich halte ihn in der Klasse nicht mehr für tragbar, obwohl ich in mag und er mir leid tut. Neulich kasperte er während des Unterrichts im Klassenzimmer herum, und obwohl ich ihn mehrfach ermahnte, ließ er nicht davon ab. Ich wußte mir keinen anderen Rat mehr als ihn an den Schultern zu berühren und an seinen Platz zurückzuschieben. Daraus entwickelte sich vor der versammelten Klasse ein peinliches Handgemenge. Und dennoch ließ David von seinem Kaspern nicht ab...« Die Lehrerin, die die Untersuchung vermittelt hatte, kündigte in ihrem Brief auch noch an, daß David nur mit der Mutter kommen wird, denn der Vater darf weder von der Untersuchung noch von den großen Schwierigkeiten in der Schule erfahren. Die Familie ist wegen des Jungen schon so zerstritten, daß die Scheidung droht, so daß die Lehrerin darin die Ursache für Davids unruhiges Verhalten sieht. Sie bat um umfassende psychologische Unterstützung.

David kam, auf den ersten Blick ein hochaufgeschossener Zappelphilipp. Kaum hatte er das Untersuchungszimmer betreten, fielen schon mehrere Gegenstände zu Boden, und eines unserer Wandbilder war in schwingende Bewegungen versetzt. Um ihn sinnvoll zu beschäftigen, ließen wir ihn gleich zu Beginn der Vorstellung einen Obstbaum zeichnen. Im Nu war er mit der Zeichnung fertig und hatte dabei mehr gemacht als von ihm verlangt war. Er hatte noch allerlei Figuren aus Comics und Sciencefiction-Filmen dazu gemalt. Sein Baum war so hoch aufgeschossen wie er selbst und die Äste flogen förmlich vom Stamm weg, ähnlich dem ganz nach außen gerichteten Streben von Davids Kräften. Der von der Senkrechten des Stammes wegwachsende Baum und die ebenfalls nach rechts aufstrebenden Äste sind Zeichen für den Verlust des Gleichgewichts, der Flucht vor sich selbst, des extrovertierten Erlebens und des Geltungsdrangs, der Kopflosigkeit, der affektiven Erregbarkeit und der Haltungsschwäche (s. Abb. auf der nächsten Seite).

Abb. 5 Das Bild von DAVID

Im katathymen Bilderleben empfindet David sich als fliegenden Fisch, die Mutter als einen faulen Karpfen im Meer, der Vater war ein Adler, der es liebt vom Himmel herab auf seine Beute zu stoßen. Die älteste Schwester ist ein Pferd und der älteste Bruder ist ein Rauhhaardackel.

Die ganze Familie ist zersplittert! Jeder einzelne lebt in seinem Element. Keinerlei Verbundenheit mit den verschiedenen Familienmitgliedern. Keine Spur einer Verwandtschaft. Noch am ehesten verbunden sind die beiden ältesten Geschwister. Vater und Mutter aber sind durch Welten getrennt und er – David – ist dazwischen. Er und die Eltern leben im »Kalten« (Element). Muß David springen, um sich aufzuwärmen? Muß er sich so heftig vom Boden abstoßen, um wenigstens für einen Augenblick die Schwerkraft zu spüren?

Wir gingen den Fragen nach: Nachdem Davids Eltern schon zwei Kinder hatten, dazuhin noch Mädchen und Bub, wollten sie kein weiteres Kind mehr haben. Statt dessen wollten sie ihrer Familie ein schönes Zuhause geben. Und so entschlossen sie sich, ein Haus zu bauen. Die Mutter wollte wieder in den Beruf zurück, um die Finanzierung des Hauses zu erleichtern. Noch ehe das Haus fertig und sie in ihren Beruf zurückgekehrt war, wurde sie aber schwanger. Es war keine schöne Schwangerschaft. Immer wieder hatte die Mutter Wehen und mußte viel liegen, und tatsächlich kam David in der 32. Schwangerschaftswoche zur Welt.

Er war 2 Wochen im Inkubator und insgesamt 6 Wochen im Krankenhaus, ohne daß die Mutter bei ihm sein konnte, wegen der anderen beiden Kinder und wegen des Hausbaus. Schon im Krankenhaus sprachen die Schwestern von ihm als dem »Quecksilber«. Er war nicht nur das, er war auch ein Schreier, und die Eltern scherzten schon, daß er eben das cholerische Temperament des Vaters geerbt hätte. Obwohl David in der Klinik eigentlich keine pflegerischen Probleme bereitet hatte, raubte er aufgrund seines nächtlichen Schreiens der ganzen Familie den Schlaf.

Er trank zu Hause auch schlecht und immer schlechter, so daß er sogar wegen einer Gedeihstörung im Alter von 5 Monaten nochmals in der Klinik war. Danach war sein nächtliches Weinen noch unausstehlicher, und man mußte ihm vorübergehend Beruhigungsmittel geben.

Der Umzug ins neue Haus fand zu dem Zeitpunkt statt als David gerade angefangen hatte zu krabbeln. Da niemand so richtig sich um ihn kümmern konnte, nahm er das ganze Haus für seine Erkundung in Beschlag: Nur wenn er sich in Gefahr brachte oder wenn er z. B. mit dem Kochtopf auf dem Kopf durch die Wohnung krabbelte, war er für kurze Zeit der Mittelpunkt. Als er 2 Jahre alt war, ging die Mutter zurück in den Beruf, und ein Au-pair-Mädchen um das andere kam in das Haus. David war bei ihnen beliebt, weil er so witzig war. Auch im Kindergarten war er der Witzbold, und seine Kindergärtnerin wußte, daß er bei Tätigkeiten in der Gruppe, die Ruhe und Konzentration erforderten, leicht zum Störer wurde. Deshalb gab sie ihn bei solchen Gelegenheiten immer einer Praktikantin zur Einzelbetreuung im Nebenraum.

Aber in der Schule gab es solche Praktikantinnen nicht.

David war wegen seiner sozialen Unreife erst nach dem Besuch einer Vorschule eingeschult worden. Er tat sich aber auch dann noch schwer, sich zu »ver«-halten und war kein guter Schüler. Das machte den Vater unzufrieden. Er war aber niemals bereit, David bei den Hausaufgaben zu betreuen. Denn das war eine Plage. Niemand gelang es, David zum Sitzen zu bringen. Als David gezwungen war, die 3. Klasse zu wiederholen, gab es seinetwegen zu Hause nur noch Streit.

Eigentlich konnte sich in der Familie keiner mehr geliebt fühlen, und das war die Situation als wir David kennenlernten.

David war der traurige Clown!

Die letzten Falldarstellungen zeigen auf, wie vielschichtig das Problem des hyperaktiven Kindes ist. Bei Sascha hätte man alle möglichen Ursachen für sein hyperaktives Verhalten vermuten können – nur nicht die eine, die als einzige am Werke war.

Bei David hat man die familiären Spannungen als einzige Ursache für seine enorme Unruhe vermutet. Aber bei ihm kam der ganze Fächer möglicher Ursachen für hyperaktives Verhalten zusammen: Seine konstitutionelle Veranlagung, die unerwünschte und komplizierte Schwangerschaft, seine Frühgeburtlichkeit, seine durch notwendige Krankenhausbehandlungen abgebrochene Bindung. Die Schlüsselerfahrung in der Stufe der schematisierenden Verarbeitung, den momentanen Bewegungsdrang sofort abzuleiten, ohne ihn zum Ziel, zur Handlung zu führen und sich selbst nur wahrgenommen zu erleben, wenn er kaspert; die Ausnahmesituation im Kindergarten, wo er die Bewegungssteuerung und die Verantwortung für seine Körperhaltung nicht erlernen konnte.

Seine Hyperaktivität war Folge einer Kumulation all dieser Faktoren und stiftete schließlich noch das familiäre Zerwürfnis, das wiederum Davids »Hyperaktivität« verstärkte. Die familiären Spannungen waren also Folge und nicht Ursache.

Abb. 6 Dieser Baum wurde von einem 10jährigen hyperaktiven Buben gezeichnet. Auffälligkeiten in der motorischen Entwicklung im Sinne einer Ausreifungsstörung und Auffälligkeiten in der sozialen Entwicklung: Kein Fremdeln! Bis heute wird die Mittelpunktrolle beansprucht.

Zusammenfassung der Störungssymptomatik der Hyperaktivität

Berufen wir uns auf Ernst-J. Kiphard, den Erforscher der Bewegungsentwicklung und Gründer der Motopädagogik, und zitieren ihn:

»Berichte betroffener Eltern lassen häufig Auffälligkeiten im Säuglingsalter erkennen. Sie betreffen sowohl die motorischen als auch die stimmlichen Unlustäußerungen, wobei hyperaktive Babys überaus schrilles und hochfrequentes Schreien produzieren können. Dabei werden nicht selten Verzögerungen der sprachlichen Entwicklung beobachtet. In der Schule spielen diese Kinder oft den Klassenclown, der mit seinen dauernden Zappeleien und Kaspereien, aber auch mit seinem ungebremsten Rededrang die Mitschüler unterhält.

Fassen wir im folgenden die vielfältigen psychomotorischen Auffälligkeiten hyperaktiver Kinder stichwortartig zusammen: Generell sind ihre Bewegungen zuviel, zu schnell und zu kraftaufwendig.

Im einzelnen sind folgende Symptome festzustellen:

- **maßlos gesteigerte Bewegungsproduktion** in der Zeiteinheit im Sinne eines zu aufwendigen ›Bewegungshaushaltes‹, als ›motor overflow‹ bezeichnet;
- **unwiderstehlicher Drang zu großräumigen (Fort-)Bewegungen**, immer ›auf Achse sein‹ ›unter Dampf stehen‹, nicht stillsitzen oder abwarten können; ständig aus der Reihe tanzen;
  alles schnell und hastig tun: rennen und rasen, statt zu gehen (Unfähigkeit zur willentlichen Bewegungsverlangsamung);
- **zu großer Kraftaufwand** (high energy behavior), maßlos und ungestüm in der Motorik, überlaute Sprache;
  trotz des hohen Energieaufwands, trotz Mühegebens und Ehrgeiz meist unbefriedigende Leistung (zu hastig, zu schnell, zu wild);
- **Minderleistungen** zeigen sich vor allem in der feinmotorischen Koordination (z. B. in der Körperbalance), aber auch in der Auge-Hand-Koordination, in der Fingergeschicklichkeit und Schreibmotorik, wobei meist eine ungenügende Integration zwischen optischer Wahrnehmung und Zielmotorik vorliegt;
- **Impulsgebundenheit im Sinne infantil-reflexhaften Reagierens;**
- **Überwiegen taktil-haptischer Aktivitäten** als direkte und konkrete Kontaktsuche zur Umwelt;

- **Vorliebe für primitiv-archaische Bewegungsmuster** wie Rollen, Wälzen, Zappeln, Wackeln, Kippeln, Hüpfen, Rutschen, Fußscharren und Fingerklopfen u. a.;
- dies bedingt einen Mangel an **vielfältigen Bewegungserfahrungen** mit einer empfindlichen Einschränkung des ›motorischen Vokabulars‹;
- bei **Zielbewegungen** mangelt es an gerichteter Aufmerksamkeit (wer dauernd in Bewegung ist, kann sich nicht konzentrieren);
- hierunter leidet die **motorische (und kognitive) Lernfähigkeit**,
- hierunter leidet aber auch die **Handlungsplanung (grobmotorisch, zeichnerisch, schriftlich und verbal);**
- Hyperaktive Kinder haben keine **genügende Übersicht** und deshalb auch keine Fähigkeit, Gefahren im voraus zu erkennen;
- es fällt ihnen schwer, verschiedene **Sinnesinformationen** zu verknüpfen und zur situativen **Orientierung** zu verarbeiten;
- Die zumeist vorhandene **Reizselektionsschwäche** bewirkt eine weitgehende Reizunterworfenheit, d. h. ein dauerndes **Abgelenktwerden** durch visuelle und akustische Reize;
- gleichzeitig besteht ein **unersättlicher sensorischer Reizhunger** mit überhöhter, vor allem visueller Reizaufnahme ohne entsprechende Möglichkeit zur Reizverarbeitung (visuelle Hyperaktivität);
- handlungsbeeinträchtigend macht sich die **Unfähigkeit zum Abwarten und Zurückstellen augenblicklicher Handlungsimpulse** bemerkbar (die Kinder reagieren **impulsiv**, ungeduldig und unüberlegt auf die Umweltreize);
- hinzu kommt eine oft erhebliche **psychisch-emotionale Reizbarkeit** und **Neigung zu affektiven Entladungen**.«*

---

* Aus Ernst-J. Kiphard: Das Problem der Hyperaktivität aus motopädagogischer Sicht – Motorik – Schorndorf 11 (1988), Heft 1.

Wie die Autoren das Problem anpacken wollen

Das Kapitel »Krankhafte Erscheinungsformen der kindlichen Unruhe« haben wir deshalb so ausführlich bearbeitet, um auf dem Hintergrund der Gesetzmäßigkeiten der kindlichen Entwicklung (s. S. 33f) anhand einzelner authentischer Lebensgeschichten aufzuzeigen, daß es offenbar **unvermeidliche Formen von Hyperaktivität** gibt, die dem Kind schicksalhaft mit auf den Weg gegeben wurden und eine bei individuell bewußtem Umgang mit dem Kind **vermeidbare Form der Hyperaktivität**.

Für unvermeidlich halten wir die angeborenen Dispositionen (z. B. cholerische Konstitution, Neigung zu Allergien, Nahrungsmittelunverträglichkeiten, aber auch die hirnorganische Dysfunktion). Für schicksalhaft und im individuellen Leben des betroffenen Kindes in gewisser Weise unvermeidlich betrachten wir auch die Unruhe, die dem Kind entsteht unter den heutigen ungünstigen und kinderfeindlichen Lebensbedingungen, die einer *Umwelt-* und *Innenverschmutzung* gleichkommen.

Unter Umweltverschmutzung verstehen wir auch die Überflutung mit Reizen, die vom Kind nicht zu verarbeiten sind, die Schnellebigkeit und Oberflächlichkeit unserer Zeit, die Einschränkung der Möglichkeiten zur Kanalisierung des kindlichen Bewegungsdrangs, und für eine Innenverschmutzung halten wir die zunehmende Bindungs- und Liebesunfähigkeit, die zum Zerfall von Familienstrukturen und zum Verlust des inneren Halts führt.

Wenn auch diese Gefährdungen durch eine bewußte Lebensführung individuell abgemildert werden können, so ist eine »Bereinigung« dieser weitgreifenden »Verschmutzungen« nur über ein kollektiv verändertes Bewußtsein und nur über übergreifende gesellschaftliche Veränderungen möglich.

Je sensibler das Kind – um so mehr ist es bedroht, durch unsere heutigen Lebensbedingungen aus seinem inneren Gleichgewicht und damit in Streß zu geraten. Es ist für uns keine Frage, daß der umweltbedingte Streß und die dadurch bewirkte Unruhe bei den Kindern, aber auch bei den Erwachsenen heute zunimmt!

Daher ist es für uns auch keine Frage, daß sich jeder Versuch, aus dem Teufelskreis herauszukommen, lohnt. Jeder einzelne müßte die Verantwortung für ein neues Gleichgewicht übernehmen, um nachkommende Generationen vor Schlimmerem zu bewahren.

Um sich der schweren Aufgabe stellen zu können, müßte der Mensch allerdings um sein eigenes Gleichgewicht wissen. Um die Bedürfnisse anderer wahrnehmen zu können, müßte er sich selbst wahrnehmen können. Die Voraussetzungen hierfür entstehen – wie wir schon ausgeführt haben (s. S. 14ff) – in der frühen Kindheit.

Die frühe Kindheit gestaltet sich weitgehend unter der Mitwirkung der Familie. Im Schonraum der Familie kann man bei entsprechendem Bewußtsein das Kind vor den krankmachenden Umwelteinflüssen wenigstens teilweise bewahren. Auf jeden Fall kann man in dem Kind die für seinen Lebensweg notwendige Ausstattung (inneres Gleichgewicht und Bewußtsein für das Krankmachende) anlegen, sofern die Eltern sich der wahren Bedürfnisse des Kindes bewußt sind. Und eben darin, daß die Eltern nicht mehr um die wahren Bedürfnisse des Kindes wissen, sehen wir die Hauptursache für die wachsende Unruhe der Kinder!

Wir haben einmal eine *statistische Auswertung* bei den uns unter der Diagnose »Hyperaktives Syndrom« zugewiesenen Kindern vorgenommen. Dabei haben wir aus der Untersuchung alle die Kinder ausgegrenzt, bei denen ablesbar emotionale Faktoren, psychische Belastungen und körperliche Erkrankungen, Behinderungen, Allergien und Nahrungsmittelunverträglichkeiten die Unruhe bzw. Hyperaktivität verursachten.

Bei der dann noch übrigbleibenden Gruppe hyperaktiver Kinder hatte sich die Unruhe ohne Ausnahme bis zum 18. Lebensmonat manifestiert. Dieses frühe Sichtbarwerden hyperaktiven Verhaltens darf aber nicht zu der Ausnahme verleiten, daß Hyperaktivität in jedem Fall eine angeborene Störung ist. Vielmehr muß berücksichtigt werden, daß sich das Symptom in der Phase der größten Plastizität des kindlichen Gehirns ausbildete. Das bedeutet, daß die ganzheitlichen Erfahrungen der Wahrnehmung und der Gefühle leiblich aufgenommen, im eigentlichen Sinn des Wortes einverleibt werden und die Reifungsvorgänge des kindlichen Gehirns beeinflussen – im günstigen Fall formend, zu hohen Fähigkeiten vorantreibend, im ungünstigen Fall durch falsches Lernen, falsches Prägen die ganze Hirnreifung stören können.

Selbst wenn das Kind die Veranlagung zur Hyperaktivität mitbringt, kann in dieser sensiblen Phase durch »richtiges« Lernen, d. h. durch gezielte Steueraktivität das hyperaktive Verhalten abgeschwächt werden – ähnlich einer zentral bedingten Bewegungsstörung, die durch rechtzeitiges Einsetzen krankengymnastischer Maßnahmen abgemildert und manchmal ganz aufgehoben werden kann. Zumindest lernt das frühzeitig behandelte Kind mit seiner Behinderung umzugehen, kommt mit sich selbst und anderen trotz der Behinderung zurecht. Die chronische Hyperaktivität, die die Selbstrealisierung im Leben blockiert, *ist* eine Behinderung!

Bei 20% unserer Kinder wurde die Unruhe ab der Geburt beobachtet, und einzelne Mütter berichteten davon, daß das Kind schon vor der Geburt unruhiger als seine Geschwister war. Bei 6,4% entstand die Unruhe im Laufe der allerersten Lebensmonate. Alle übrigen Kinder waren bis zum 9. Lebensmonat ruhig und pflegeleicht, und erst ab dem 9. Lebensmonat bis zum 18. Lebensmonat war eine abnorme Unruhe aufgefallen, die weit über den kindlichen Bewegungsdrang hinausging.

Bei der Hälfte dieser Kinder deckt sich der Beginn der abnormen Unruhe bis auf den Monat genau mit dem Erwerb des freien Gehens. Im Durchschnitt hatten die Kinder dieser Gruppe der Altersnorm entsprechend mit 12 Monaten das Laufen erlernt. 32% der Kinder waren unruhig geworden, nachdem sie krabbeln erlernt hatten, und 18% wurden unruhig einige wenige Monate nach dem Erwerb des Laufens. »Auf einmal war der Teufel los«! »Das Kind war wie wild geworden.« »Es ließ sich nicht auf dem Schoß halten...«

Die (letzte) Elternaussage haben wir aufgegriffen und in unserer Statistik erfragt. 80% der bis zum 18. Lebensmonat hyperaktiv gewordenen Kinder ließen sich tatsächlich nicht auf dem Schoß halten, auch dann nicht, wenn ihr Drang wegzugehen durch attraktive Angebote (Essen, Spielen) abgelenkt wurde. Nur etwa 8% der Kinder hielten es, ohne zusätzliches Angebot, auf dem Schoß der Eltern aus, aber 12% ließen sich durch entsprechende Angebote ablenken.

Unsere Erhebungsfrage: »Bleibt Ihr Kind auf dem Schoß sitzen?«, kann eigentlich in dieser Form nur in unserer Zeit und in unserem Kulturkreis gestellt werden. In früheren Generationen unseres Kulturkreises hätte sich die Frage erübrigt, denn das Kind hätte fraglos sitzen bleiben müssen; entweder auf dem Schoß oder eingebunden bzw. angeschnallt auf dem Kindersitz oder im Kinderwagen. Es wäre auch zu der Elternaussage »auf einmal war der Teufel los« in dieser Altersstufe höchstwahrscheinlich nicht gekommen, denn das Kind bekam in der Phase seiner ersten selbständigen Fortbewegungsversuche mit seinem Laufstall einen klar abgegrenzten Raum (hinter Gittern!). Und das Kind der weniger zivilisierten Gesellschaft bzw. das Kind der 3. Welt wäre bis heute in dieser Stufe die meiste Zeit des Tages noch im Tragtuch und fraglos noch am Körper der Mutter gewesen.

Der Hinweis auf eine Blockierung der Persönlichkeitsentwicklung durch die Hyperaktivität ergibt sich durch die Antwort auf unsere Erhebungsfrage: »Hat das Kind eine Trotzphase durchgemacht?« Nur knapp ein Drittel der in den ersten 18 Lebensmonaten hyperaktiv gewordenen Kinder *hatte* eine Trotzphase!

Unsere Statistik zeigt Übereinstimmung mit anderen Statistiken in bezug auf die Geschlechterverteilung bei hyperaktiven Kindern: Etwa 8 Jungen kommen auf 1 Mädchen (diese Tatsache wird vielfach als ein Hinweis auf eine konstitutionelle Veranlagung zur Hyperaktivität und ihre organische Verursachung genommen). Tatsächlich sind Knaben anfälliger für Erkrankungen des zentralen Nervensystems und anfälliger für Erkrankungen im frühen Kindesalter. Sie sind aber auch insgesamt erregbarer, neigen eher zu suchtartigen Verhaltensweisen und auch Verhaltensauffälligkeiten. Es ist unter Wissenschaftlern noch nicht ausdiskutiert, ob dies nicht auch tiefenpsychologische Gründe hat, unter denen hauptsächlich auch der genannt wird, daß beide Eltern dazu neigen, den Jungen mehr Entscheidungsmöglichkeiten und eigene Durchsetzung zuzubilligen. Ergänzend sei noch erwähnt, daß unsere Kinder ganz überwiegend der Mittelschicht entstammten, nur 7% kamen aus einer sozial unterprivilegierten Schicht.

Aus der Tatsache, daß das Phänomen der Hyperaktivität in unserer Zeit und in unserem Lebensraum, d. h. in unserem Lebensstil und damit auch dem Stil unserer Kinderbetreuung, in den letzten Jahren häufiger geworden ist, und aus der Tatsache, daß sich das hyperaktive Kind nicht auf dem Schoß halten, nicht an der Hand führen läßt, leiten wir unseren Arbeitsansatz ab.

- **Bei der Entstehung der Hyperaktivität ist eine nicht-kindgemäße Betreuung mit am Werk:**
  Man kann es auch anders ausdrücken: Das Kind wird nicht kindgemäß gehalten.

- **Erzieherische Unentschlossenheit:**
  Nach unserem Eindruck nimmt die Unsicherheit unter den Eltern von Jahr zu Jahr zu, und die daraus resultierende erzieherische Unentschlossenheit wächst entsprechend.
  Dies hat mehrere Gründe: Hauptursache dafür ist sicherlich, daß so viele und sich gegenseitig widersprechende pädagogische Ratschläge auf die Eltern einstürmen, so daß den Eltern die objektive Orientierung erschwert ist.

Aber auch die private Orientierung ist erschwert: Aufgrund der Gespräche mit den Eltern wissen wir, daß im Unterschied zu früher fast alle Kinder heute »Wunsch«kinder sind und die Eltern sich nichts sehnlicher wünschen, als ihren Kindern durch ihre Erziehung Liebe und Freiheit mit auf den Weg zu geben. Gedanklich sind sie für dieses Ideal voll engagiert, aber um es wirklich in unserer Welt durchsetzen zu können, sind sie praktisch nicht ausgestattet. Da sie vielfach ihre eigene Erziehung in Frage stellen müssen, sind sie auf der Suche nach dem »verlorenen Glück«. In diesem

Sinne wollen sie das Kleinkind in dichtem Körperkontakt tragen, und die Mütter möchten wieder stillen. Dabei stellen die Eltern von heute insofern eine besondere Gruppe dar, weil sie selbst in ihrer Kindheit in eine Welle vollkommener Desorientierung in der Erziehung und in den verwirrenden Wandel (Krieg und Nachkriegsjahre) aller Werte geraten sind.

Die noch autoritär erzogenen Eltern wollen auf keinen Fall die »schwarze Pädagogik«, die sie am eigenen Leibe erfahren haben, fortsetzen und neigen dazu, ihren Kindern die vollkommene Freiheit zu geben. Die gegenständlichen Hilfen, die sie selbst erfahren haben: Laufstall, Laufgurt und Anschnallen im Kinderwagen oder Kinderbett lehnen sie ab. Aber das tun auch die schon antiautoritär erzogenen Eltern – wenn auch aus anderem Grund. Sie kennen diese äußeren Hilfen des Haltes nicht.

Während die autoritär erzogenen Eltern die Begrenzung und Lenkung der Spontanaktivitäten ihres Kindes meist bewußt ablehnen, ist bei den antiautoritär erzogenen Eltern der Vorgang schon unbewußter, da er durch ihre eigene *»Vor-Form«* vorgegeben und gewissermaßen verautomatisiert ist. Die Auswirkungen auf das Kind bleiben dieselben. Es erfährt seine Grenzen immer erst dann, wenn es sich selbst oder andere in Gefahr bringt.

Ist die Gefahr für alle ersichtlich, z. B. im Straßenverkehr (Gurtpflicht beim Autofahren), geben die Eltern mit gutem Gefühl die autoritär gesetzte Regel weiter und damit die Grenze. Ist die Gefahr aber nicht so klar ersichtlich, weil sie verborgen ist im langfristigen Prozeß der Persönlichkeitsentwicklung, vermeiden die Eltern meist, Grenzen zu setzen, und wenn sie nicht anders können, tun sie es dann mit schlechtem Gewissen. Die Doppelbödigkeit der Botschaft und ihr in Abhängigkeit von der Belastbarkeit der Eltern häufig unberechenbares Eintreffen, stiftet bei dem Kind Unsicherheit, Unzufriedenheit und Streß.

- **Emanzipation der Mutter:**
  Zu den Doppelbotschaften unserer Zeit gehört auch die Tatsache, daß die Eltern bei der Kleinkindbetreuung immer weniger bereit sind, sich aufeinander abzustimmen.

  Beispiel: Die Mutter möchte das Kind stillen, der Vater ist dagegen; der Vater möchte, daß das Kind am Tisch sitzenbleibt, die Mutter ist dagegen. Aufgrund des steigenden Selbstbewußtseins der Mutter fällt es ihr im Gegensatz zu früheren Generationen häufig schwerer, ihre Absicht mit der des Ehemanns abzustimmen. Das Kleinkind muß aber in entscheidenden Situationen die Eltern als Ganzes empfinden können, damit es sich auf die *Einheit* Eltern verlassen kann.

- **Unzufriedenheit der Mutter durch Isolation:**
Immer mehr Mütter leben mit dem Kleinkind in einer Käfigsituation, die Mutter und Kind nervös macht. Die Familien sind kleiner als früher und leben oft isoliert in ihrer Wohnung bzw. im Einfamilienhaus. Häufig leidet die Mutter unter dem Verzicht auf ihre Berufstätigkeit und kreist jetzt zum Ausgleich um ihr Kind. Insbesondere die antiautoritär erzogenen Eltern können mit dem Verzicht und einer langfristig belastenden Situation, welche durch das Kind gegeben ist, nicht umgehen. Das Kleinkind braucht aber eine belastbare Mutter, die ihre Frustration nicht auf seinem Rücken abreagiert, um sich als Kind geborgen und angenommen zu fühlen.

- **Umbruch der Werte:**
Zur Verwirrung trägt auch bei, daß heute »Quantität« mehr geschätzt ist als »Qualität«, was auch im Kinderzimmer seinen Ausdruck findet. So wird die Aufmerksamkeit des Kindes auch in seiner allerengsten und vertrautesten Umgebung zersplittert durch die Vielfalt seiner Spielsachen. Durch den Wegwerfcharakter der Dinge, mit denen das Kind Umgang hat, bleiben seine Erlebnisse flüchtig, und es muß den behutsamen und verantwortlichen Umgang mit den Dingen nicht erlernen. Die Eltern von heute sind um so mehr verunsichert und nicht in der Lage, kindgemäße Sicherheiten aus dem bestimmenden Ganzen heraus zu filtern, weil sie einer Generation angehören, deren Eltern selbst durch den Umbruch der Werte schon verunsichert waren.

Die Eltern von heute tun sich deshalb so schwer, ihren Kindern Geborgenheit zu vermitteln, weil sie selbst schon die Geborgenheit bei ihren Eltern vielfach vermissen mußten. Sie gehören der Generation an, die nicht mehr selbstverständlich gestillt wurde und am Körper der Eltern Liebe, Trost und Halt bekam. Auch bekamen sie nicht mehr selbstverständlich die Hemmung ihres Bewegungsimpulses im Wickelkissen oder durch die Art und Weise wie sie gewikkelt wurden. Ihre kindliche Aktivität wurde nicht mehr selbstverständlich in kindgemäßen, d.h. ordnenden Strukturen aufgefangen. Die heutigen Eltern sind Kinder von Müttern und Vätern, die die Welt des Kindes verlassen mußten, noch ehe sie sie ausgekostet hatten und sie waren – notgedrungen – in die Welt des Erwachsenen gegangen. Man denke an die Kriegs- und Fluchtzeiten. Später waren beide Eltern berufstätig, um das Geld zu verdienen, um Häuser und Garagen zu bauen, die mit Besitz gefüllt werden konnten. Diese Eltern hatten nicht die Zeit und nicht die Ruhe, mit ihrem

Kind die Welt des Kindes zu entdecken und innerhalb dieser Welt Zufriedenheit und Lust spendende Ordnungen einzuführen wie Gewohnheiten, Gepflogenheiten, Rituale, Bewegungsspiele, Kinderlieder, Geschichtenerzählen.

Es ist schon eine bemerkenswerte, aber auch traurige Tatsache, daß nur ganz wenige Eltern, die in unsere Sprechstunde kommen, noch Finger- und Bewegungsspiele kennen und nur noch ganz wenige mit ihren Kindern Kinderlieder singen, Kinderreime aufsagen oder ihren Kindern Geschichten oder Märchen erzählen können. *Der Verlust der Vor-Form wird zum Verlust der Form und somit zum Keim des Chaos.*

Die Entstehung der Unruhe

Wir können uns zwar auf eine langjährige und reiche Erfahrung (im Umgang mit hyperaktiven Kindern) stützen, und es scheinen unsere Therapieerfolge unseren Ansatz zu bestätigen, trotzdem *betrachten wir unseren Ansatz vorerst aber nur als einen möglichen Versuch, das rätselhafte Phänomen der Hyperaktivität zu deuten.* Wir wissen, daß unser Erklärungsversuch der wissenschaftlichen Überprüfung noch bedarf. Doch zwingt uns die ständig anwachsende Zahl hyperaktiver Kinder in unserer Sprechstunde zum Handeln, noch ehe der von der Wissenschaft erbrachte Beweis für unsere Annahme vorliegt. Die Grundlagen für unsere Annahme erscheinen uns aber wissenschaftlich gesichert genug durch die bereits vorhandenen Forschungsergebnisse aus dem Gebiet der Entwicklungspsychologie, Entwicklungsneurologie, Tiefenpsychologie, Hirnforschung, Biochemie etc.

Gehen wir der Entstehung der Unruhe in der Reihenfolge der hierarchisch geordneten Entwicklungsstufen nach, wie wir sie auf Seite 14 (Entwicklung der Bewegungssteuerung) geschildert haben.

In der Schwangerschaft

In unserem Kulturkreis bekommt das Kind im Mutterleib weniger Gelegenheit zur mitschwingenden Bewegung als das Kind der Mutter in einem ärmeren Kulturkreis. Die Mutter unserer wohlständigen Gesellschaft ist nicht gezwungen, lange Wegstrecken zu Fuß zurückzulegen; sie ist in der Regel nicht gezwungen, auf dem Feld zu arbeiten und nicht gezwungen, schwere Hausarbeit manuell zu verrichten. Meist sitzt sie in der Zeit der Schwangerschaft auf einem Drehstuhl am Schreibtisch oder sie sitzt im Auto oder auf ihrer Sitzgarnitur vor dem Fernseher und läßt sich von Waschmaschine und Spülmaschine im Haushalt helfen.

Es wird ihr sogar häufig ärztlicherseits angeordnet, wegen drohender Frühgeburt in der Schwangerschaft zu liegen und jede Bewegung zu vermeiden. Bei der so ruhiggestellten Mutter wird das Kind nicht rhythmisch durch die Mutter geordnet, und seine ersten Bewegungen erfolgen nicht rhythmisch gefiltert. Es bewegt sich vielmehr selbst, ganz seinen eigenen unreifen, reflektorischen Bewegungen ausgeliefert. Es »lernt«, daß es ohne Anregung von außen, sich aus eigenem Impuls heraus bewegen muß um zu überleben, und sein werdendes Gehirn übernimmt diese Information. Je temperamentvoller veranlagt, je vitaler, um so stürmischer, um so chaotischer übt das Kind sich seine Bewegungen selber ein!

Mit ähnlichem Chaos reagiert es auf die gefühlsmäßigen Verunsicherungen seiner Mutter. Wir möchten hier nicht von den Verunsicherungen der Mutter sprechen, die es schicksalhaft von jeher gab (plötzliches Erschrecken, Angst der Mutter, beispielsweise auf der Flucht). Diese schockhaften Erlebnisse im Mutterleib seien hier nur insofern erwähnt, als das Kind den mit der Mutter erlebten Streß in wiegenden Bewegungen in der Mutter überwinden kann. Wir möchten hier vielmehr von den Verunsicherungen der Mutter sprechen, die ihr durch die ärztliche Aufklärung gerade bei der bedrohten Schwangerschaft entstehen. Sie überträgt sie (auf biochemischem Wege) auf ihr Kind, ohne ihm den Trost ihrer wiegenden Bewegung geben zu können. Dies geschieht gerade in den letzten schicksalhaften Schwangerschaftsmonaten, in denen das Kind in ganz besonderer Weise auf die, seine Entwicklung stimulierenden, rhythmischen und ordnenden Bewegungen durch die Mutter angewiesen ist.

Bei Frühgeburt

In eine noch viel größere Leere und Verunsicherung gerät das frühgeborene Kind, wenn es im Brutkasten seinen eigenen Bewegungen überlassen wird, ohne damit etwas bewirken zu können. Im Mutterleib erlebt es wenigstens noch den Halt des Uterus und konnte durch die in der Bewegung erfahrene Abgrenzung sich selbst wahrnehmen. Es konnte auch durch seine Bewegungen das Fruchtwasser in wiegendes Schwingen bringen und erfuhr so doch noch, daß es sich durch die Rückkoppelung auf die nächste Wahrnehmung verlassen kann. Das frühgeborene Kind entbehrt im Inkubator all dieses und muß sich in die motorischen Stereotypien einbringen, um sich überhaupt auf etwas verlassen zu können. Durch seine wiederholten, vorausspürbaren Zappel-, Lutsch- und Schluckbewegungen betäubt es sich selbst, wodurch der Hirnstoffwechsel seiner zentral-nervösen Transmitter in Gang gesetzt und in eine bestimmte Richtung geprägt wird. Auf diese Weise wird seine Unruhe und der eigene Umgang damit zur Grunderfahrung und schreibt sich nachhaltig in den Leib ein.

Nach der Geburt

Ähnliches wie das auf die Krankenhausbehandlung angewiesene frühgeborene Kind erfährt auch das termingerecht geborene, das aber wegen Sauerstoffmangel unter und nach der Geburt Schwierigkeiten bei der Anpassung außerhalb des Mutterleibs hat. Dies trifft auch auf das bei Untergewichtigkeit auf ärztliche Versorgungsmaßnahmen angewiesene Kind zu.

Das nach der Geburt alleingelassene, d. h. von der Mutter verlassene Kind, hat es bestimmt schwer. Es kann aber immerhin noch zu seiner eigenen Beruhigung beitragen, indem es sich auf ein bestimmtes eigenes Bewegungsmuster oder eine bestimmte andere Wahrnehmung verläßt.

Es ist schwer zu entscheiden, ob dieses Kind letztendlich nicht doch besser daran ist als das Kind, das einer unerwarteten und deshalb »undurchsichtigen« und nicht mehr wahrnehmbaren Vielfalt von Reaktionen einer verunsicherten Mutter ausgeliefert ist.

Während die Mutter früherer Generationen aufgrund der Tradition und allgemeinen Empfehlungen sich noch zutraute, zu wissen, was für ihr Kind das Richtige ist (es wochenlang unter nahem Körperkontakt in ihrem eigenen Schonraum hielt, um ihm Rhythmus zu geben, in eine Wiege bettete oder sich dafür entschied, es im ruhigen Nebenraum vom lauten Leben der Familie abzuschirmen und es hier auch schreien ließ), sind die Mütter in unseren Tagen unsicher in dem, was sie tun sollen. Ihre Verunsicherung ist dadurch gestiftet, daß sie die distanzierte Art der Kinderbetreuung nicht wollen, weil sie bekanntermaßen neurotische und autistische Persönlichkeitsentwicklungen begünstigt. Vielmehr wollen sie gerne wieder zur instinktgebundenen Form der Kinderbetreuung zurückfinden; aber sie wissen nicht, wie sie es tun sollen. Sie wissen zwar noch, daß man das Kind am Leib tragen soll, aber sie wissen häufig nicht mehr, unter welchen Vorausbedingungen. Der verheerende Fehler dabei ist, daß sie immer nur einen kleinen Teil des gesamten instinktgesteuerten Lebensstiles übertragen können, niemals aber die ganze rituell und traditionell eingebettete Lebensweise und niemals das kulturelle Niveau der noch ursprünglich lebenden Völkergruppen. Bei den Völkern, die keine andere Wahl haben, als ihre Kleinkinder tragend zu transportieren, geschieht dies zwar unter Erfüllung fast aller Wünsche und unter nahem Körperkontakt – aber die Art und Weise des Körperkontakts wird festgelegt durch die Mutter und sie ist bestimmt durch ihre Lebenssituation. Die äthiopische Mutter beispielsweise hat *keine andere Wahl* als das Kind an ihrem Körper zu tragen, um es gegen Verletzungen und Ungeziefer am Boden zu schützen. Innerhalb dieser Verbindung geht sie innig auf die Wünsche ihres Kindes ein, aber sie wird ihm niemals die Freiheit geben, von ihr wegzustreben. Auf sein Weinen wird sie *sofort* mit beruhigendem Beklopfen antworten, aber ihre Brust wird sie dem Kind nur dann geben, wenn sie den Hunger in der Stimme des Kindes hört und an der Fülle ihrer Brust spürt. Es ist ihr, wenn sie das Kind auf dem Rücken trägt, eben nicht in jedem Augenblick möglich, das Kind nach vorne zu nehmen, um es zu stillen. Die Mutter bestimmt die Lage des Kindes weitgehend und ist sich dabei sicher und fühlt sich gut, und ihre Sicherheit überträgt sich auf das Kind. Aber sollte es unruhig werden, so wird seine Unruhe in jedem Fall durch die Ordnung bewirkenden rhythmischen Bewegungen der Mutter beantwortet. Auf jeden Fall erfährt das Kind Rückkoppelung und muß sich dem schwingenden Rhythmus der Mutter und ihren Absichten anpassen.

Und hier liegt der Unterschied zur Mutter der zivilisierten Welt, die sich an die instinktorientierte Kinderbetreuung anpassen möchte. Sie ist in ihren Vorstellungen freiheitsorientiert und fürchtet sich sehr häufig davor, ihrem Kind die Lage und den Zeitpunkt seiner Zufriedenstellung vorzugeben. Sie muß es auch nicht, weil ihr Leben ihr keine Notwendigkeit gibt, das Kind auf eine bestimmte Weise zu tragen und auf eine bestimmte Weise zufriedenzustellen. Ohne gezwungen zu sein, mit dem Kind auf dem Feld zu arbeiten oder in der Karawane zu gehen, kann die Mutter der zivilisierten Welt in ihrer zentralbeheizten Wohnung durchaus den Wünschen des Kindes willfährig sein. Nur die Mutter der zivilisierten Welt kann auf wohlgemeinte Ratschläge der liberalistischen-hedonistischen Erziehungswissenschaftler hören und kann sich ihrem Kind in seinem unreifen Streben anpassen. Eben weil die Mutter der zivilisierten Welt so viele Ratschläge in ihrem Ohr hat, ist sie sich nie sicher, was sie tun soll, und so wie die Gelassenheit der aus sicherem Fühlen und in Tradition eingebundenen Mutter auf das Kind sich überträgt, so springt auch die Unsicherheit und Unruhe der Mutter auf das Kind im Tragtuch über.

Die verunsicherten Mütter erkennen wir in der Sprechstunde daran, daß sie auf unsere Aufforderung, ihr Kind fest und sicher im Arm zu halten, antworten: »... das kann ich nicht, ich kann ihm doch nicht den Willen brechen.« Wir erkennen sie aber auch daran, daß sie sich nicht trauen, ihr unruhiges Kind ruhig im Arm zu halten, sondern vielmehr mit ihren Händen der Unruhe des Kindes nachgeben, beständig die Körperlage des Kindes wechseln, um ihm den gleichbleibenden wiegenden Rhythmus zu geben. Dagegen hält die instinktsichere Mutter ihr Kind ruhig und wiegend im Arm, ohne von irgend jemand den Auftrag dazu erhalten zu haben. So wie sich die Ruhe dieser Mutter auf das Kind überträgt und es ordnet, so springt die Unsicherheit und Unruhe der anderen Mutter auf ihr Kind über, und ein Teufelskreis ist dadurch geschlossen. Auch diesem Kind bleibt oft nichts anderes übrig, um sich vor dem Streß ständig neuer Wahrnehmungen zu schützen, als sich auf bestimmte Wahrnehmungen zu fixieren.

Der gleiche krankhafte Selbstschutz blockiert das Kind bei der Ausbildung koordinierter Wahrnehmungen zwischen mehreren Sinnen auf der Stufe der intermodalen Verarbeitung.

Stufe der intermodalen Verarbeitung

Beispielsweise könnte ein 4 Monate altes Kind von seinem Entwicklungsstand her aus dem Schonraum der Mutter heraus (wenn es an ihren Leib mit dem Rücken angelehnt auf dem Schoß sitzt) schon eine ihm vertraute Person neugierig studieren, indem es schaut und lauscht bzw. nach ihr greift. Bevor es seine verschiedenen Wahrnehmungen zum Erlebnis versammeln kann, um gezielt nach der Tante zu greifen, räkelt es sich kurz. Seine Mutter deutet dies aber als Unzufriedenheit, der sie sich anpassen muß. Sie verändert die Lage des Kindes und unterbricht damit den Erkenntnisprozeß. Das erst macht das Kind unzufrieden, woraufhin die Mutter versucht, es mit seiner vertrauten Rassel abzulenken. Doch auch dies kann das Kind nicht zufriedenstellen, und so steht die Mutter auf, um durch Hin- und Hergehen ihr Kind zu beruhigen. Jetzt sieht das Kind die Tante wieder, aber durch das Hin- und Hergehen immer nur so kurz, daß es nicht in die vielfältige Wahrnehmung gehen kann, die es vorbereitet hatte, und die häufig wechselnden Eindrücke erzeugen in ihm eine Reizüberflutung. Um sich davor zu schützen, geht es in die nervöse Anspannung, wendet den Kopf unruhig hin und her, wedelt mit der Hand...

Auf der Stufe der schematisierenden Verarbeitung

Das Kind, das jetzt mit eigenen Fortbewegungskräften (aber noch nicht mit eigenen Maßstäben für Erlaubtes und Verbotenes) krabbelnd (ab dem 7. Lebensmonat) und gehend (11.–15. Lebensmonat) sich die Welt erobert, braucht Grenzen. Das erfordert Sicherheit in den Maßstäben bei den Eltern und körperliche und seelische Durchhaltekräfte.

An dieser Stelle bricht bei den freiheitsorientierten Eltern ein Gewissenskonflikt auf. Die körperlichen Kräfte der Eltern unseres Kulturkreises erschöpfen sich rascher als die der Eltern ärmerer Kulturkreise, die von klein auf an körperliche Arbeit und an das Tragen von Lasten gewohnt sind. Während die mit Arbeit durchtrainierte Mutter noch ihr 3- oder 4jähriges Kind stundenlang am Körper tragen kann, klagt die Mutter der zivilisierten Welt häufig schon bei einem 9 oder 12 Monate alten Kind über Rückenschmerzen, und sie tut sich schwer, gegen die erwachende zentrifugale Kraft des Kindes anzugehen. So oft hören wir von den Müttern hyperaktiver Kinder »... es war einfach stärker als ich!«

Die heutigen Eltern, einem freiheitlichen Erziehungsideal verhaftet, erlauben es sich nicht, dem Bewegungsdrang ihres Kindes einengende Kräfte entgegenzusetzen. Ihr von starren, unlebendigen Regeln befreites Denken macht ihre eigenen Maßstäbe wandel- und veränderbar.

Die Tatsache, daß sich heute so viele Eltern schwertun, ihr Kind in seinem erwachenden Fortbewegungsdrang zu steuern und zu hemmen (weil sie es nicht wollen oder ihnen die Kräfte dazu fehlen), wird gerade dem Kind auf der Stufe der schematisierenden Verarbeitung (des serialen Denkens) aber zum Verhängnis. Das Kind dieser Entwicklungsstufe verlangt aufgrund seiner Lebendigkeit nach der Reaktion des Erwachsenen. Es muß so lange agieren, bis es die Reaktion erfährt, und so bewegt es sich in dieser Situation schneller, als es denken kann.

Noch bevor das Kind seine Auskundungen in bezug auf Ursache und Wirkung verdauen kann, treibt der noch ungesteuerte, nicht kanalisierte und mächtige Bewegungsdrang es zu weiteren Erfahrungen. Bleibt das Kind sich selbst überlassen, d.h. wenn der Erwachsene ihm nicht hilft zu wiederholten gleichartigen Erfahrungen und zum Gelingen versuchter zielgerichteter Handlungen zu kommen, dann ist es in Gefahr, sich in den sinnlosen, nur vom Bewegungsdrang diktierten Aktivitäten zu verlieren.

Alles Lernen läuft über Wiederholung

Soll das Kind zielgerichtete Handlungsabläufe erlernen in dem Sinne, daß sie sich ihm einverleiben und sich in das formende Gehirn strukturierend einschreiben, so muß es wiederholt bestimmte zielgerichtete Erfahrungen (unter dem Schutz des Erwachsenen) machen können. Wenn dem Kind die wiederholte bzw. die ständig sich wiederholende Erfahrung abgeht, verpufft seine Energie im Leeren, seine Konzentration zersplittert, und seine Erlebnisse bleiben flach. Dadurch, daß ihm die Grunderfahrung entgeht, seine Kraft auf ein vorgestelltes Ziel auszurichten, verliert es auch die Fähigkeit, in Erwartung eines bestimmten Ziels seiner Bewegungen zu planen.

Statt dessen bleibt es den zentrifugal gerichteten Bewegungsimpulsen hilflos ausgeliefert, und seine Bewegungen, aber auch sein ganzes Tun ist nicht mehr gesteuert von der Vorstellung und Planung, sondern vom reinen, aus dem Zerfall des Augenblicks erwachenden Bewegungsimpuls. Die Lebensenergie wird nicht nur durch den Bewegungsimpuls zersplittert, sondern auch durch das unberechenbare (für das Kind nicht voraussehbare) Eingreifen der Mutter (der Eltern). Denn trotz aller Freiheitsideale kann man dem Kind die vollkommene Freiheit nicht zulassen. Da sind die kostbaren Blumentöpfe, da ist der Videorecorder, da ist der Elektroherd, da ist die steile Wendeltreppe. Wenn die Eltern sich scheuen, ihrem Kind einen beschützten Raum für die Erkundung der Umwelt zuzuweisen und statt dessen den großen unbegrenzten Raum zum freiheitlichen Erkunden zur Verfügung stellen, dann bleibt ihnen, um den mit Reizen angefüllten Großraum zu überwachen und ihr Kind vor dauernden Gefahren zu schützen, häufig nur das blitzartige Eingreifen. Je mehr sich das Kind im unbegrenzten Großraum ausbreitet, um so nervöser wird die Mutter und um so hektischer wird ihr Eingreifen. Sie findet nur noch wenig Ruhe, um sich auf das Tun ihres Kindes einzulassen und es zu einer bestimmten – das Kind zufriedenstellenden – gemeinsamen Tätigkeit hinzulenken.

Das unberechenbare und auch nicht voraussehbare Tun behindert das Kind, es fühlt sich von der Mutter belästigt.

Und um der fortgesetzten Belästigung zu entgehen, muß es schneller sein als die Mutter, um zu Erlebnissen zu finden. Mutter und Kind schaukeln sich so gegenseitig auf in der Hektik, weil sich das Kind bei der nervösen (nicht abschätzbaren) Mutter nicht geborgen fühlen kann. Manche Kinder versuchen die Mutter zu sicher erwarteten Reaktionen zu treiben, indem sie bestimmte destruktive Aktionen unternehmen, auf die die Mutter mit Sicherheit antworten muß (z. B. Herunterreißen der Tischdecke, Umwerfen des Tellers...).

In jedem Fall verliert das Kind die Chance, die Freude am Erreichten zu gewinnen.

Da dem Kind in der Unruhe seiner Bewegungen die Ruhe zur Wahrnehmung entgeht, entgeht ihm die vertiefte Aktivität des Lauschens und Schauens. Ohne das Erleben von Lauschen und Schauen gibt es keine Orientierung am Gereiften, und die Nachahmung findet nicht statt. Das Kind bleibt seinen spontanen Sinneseindrücken, seinen unreifen Blitzaktionen ausgeliefert. Nur das Erlauschte und Geschaute kann so verinnerlicht werden, daß es wiederum Eigenschaft bildet: Ohne konzentrierte Wahrnehmung kein tieferes Erlebnis.

Wenn der Erwachsene für das Kind den Rahmen seiner konzentrierten Erlebensmöglichkeiten nicht absteckt, verweigert er ihm dadurch den Halt. Ungehalten wird das Kind haltlos, weil es seinen inneren Halt nicht gewinnen konnte. Ohne den vorgegebenen äußeren Halt kann das Kind den inneren Halt nicht finden.

Wenn es in einer bestimmten Körperlage den Widerstand nicht wahrnehmen und sich nicht mit ihm auseinandersetzen muß, kann es sich selbst in bestimmter Lage nicht wahrnehmen, kann es die Dosierung seiner Kraft nicht erleben und die Fähigkeit zur Dosierung nicht entfalten. Es entgeht ihm die Selbstwahrnehmung. Es entgeht ihm die Abschätzung des zu erwartenden Widerstandes. Es kann seine Lage und die Reaktion des Gegenübers nicht erfühlen und deshalb auch (später) nicht ins Bewußtsein anheben.

Da es nicht dazu findet, sich über das Denken von der Umgebung zu distanzieren, ist es bei der ständig nach außen fließenden Energie in Gefahr sich selbst zu verlieren. Um dies zu vermeiden, bleibt ihm nur ein »Egozentrismus«.

Ein Kind, das in dieser Störung der Verarbeitung hängenbleibt, befindet sich in permanentem Streß. Es hat mit sich selbst beständig zu tun, ohne sich selbst wahrnehmen zu können, und deshalb kann es auch nicht andere wahrnehmen, auf andere und anderes achten. Ohne die Wahrnehmung des »Du« und die Echofunktion des »Du« für das »Ich« kann es auch keine Selbststeuerung ausbilden. Die Unfähigkeit zur Distanz wird u. a. auch darin sichtbar, daß bei den hyperaktiven Kindern das Fremdeln oft ausbleibt (wie bei Kindern, deren Bedürfnis nach Geborgenheit bis dahin nicht gesättigt werden konnte).

Da das Kind in dieser Stufe erstmals sein Bedürfnis nach eigener Wirksamkeit mittels des Erwerbs der Fortbewegung umsetzen kann, lassen sich die Eltern dazu verleiten, ihm sein erwachendes Verlangen nach Freiheit zu erfüllen. Dabei übersehen sie, daß das Bedürfnis nach Geborgenheit noch lange Sättigung verlangt und sie übersehen, daß wahre Freiheit die Sättigung des Bedürfnisses nach Geborgenheit und Bindung zur Voraussetzung hat. Sie lassen sich um so mehr dazu verleiten, wenn sie selbst autoritär erzogen wurden und ein eigenes Nachholbedürfnis nach Freiheit haben.

Auf der Stufe des zielgerichteten Handelns, des ersten kombinierenden Denkens

Wenn der Aufbau der serialen Stufe gestört ist, fehlt dem Kind die Grundlage für die Stufe des zielgerichteten Handelns und des ersten kombinatorischen Denkens. Da es die Grundschemata für sein Handeln und Denken nicht erwarb und auch nicht die Konzentration und Ruhe, um die Grundschemata untereinander zu kombinieren, ist es nicht in der Lage, seine sensomotorischen Grunderfahrungen in höhere motorische Leistungen einzubauen. Dadurch wird die Entstehung der sog. minimalen cerebralen Dysfunktion (MCD) begünstigt.

Wenn das Kind infolge seiner Unruhe beispielsweise nicht in der Lage war, den Kreisel regelmäßig in gewandter (verautomatisierter) Bewegung zu drücken, um ihn zum Summen zu bringen, dann wird es auch später Mühe haben, diese vertikale grobmotorische Bewegung in den feinmotorischen vertikalen Strich und später in das »i« (beim Schreiben) zu übertragen.

Dadurch, daß sich das Kind nicht realisieren, nicht als »Unternehmer«, »Macher« erleben kann, wird ihm sein »Ichempfinden« geschwächt und auch sein »Ich-Du«-Dialog und demzufolge auch das Einfühlungsvermögen für das »Du«. Die Folge davon ist: Es fehlt ihm die Rücksicht, die es dem »Du« zuliebe sich zurücknehmen läßt. Es wird sich gar nicht bewußt, daß es den anderen stört. Wenn das Kind in seiner Entwicklung noch soweit kam, ungestört die Stufe des zielgerichteten Handelns anzugehen und erst jetzt durch schwere emotionale Kränkungen (Geschwisterproblematik, Krankenhausaufenthalt, Scheidung der Eltern) oder durch andere belastende Faktoren in Streß kam, dann fehlt ihm die Ruhe für den Ausbau des vielfältigen geistigen Kombinierens, und es fällt auf die Stufe des serialen Denkens oder eine noch frühere Entwicklungsstufe zurück. Dieser Schaden ist reparabler, weil das Gehirn sich bis dahin störungsfrei entwickelte und die Bausteine des Handelns und Denkens (die einfachen Schemata) noch angelegt sind. Aber dauert diese Regression zu lange an, weil das Kind in seiner Notlage keine Hilfe bekommt, dann schreibt sich auch dieser Schaden (die fehlgelenkte Entwicklung über das sich weiter ausformende Gehirn) in den Leib des Kindes ein.

Immer wenn hyperaktives Verhalten in späteren Lebensphasen entsteht, findet eine Regression auf die Stufe des serialen schematischen Handelns und Denkens statt. Wenn z. B. der Erwachsene in Streß gerät und damit auch in hyperaktives Verhalten, dann flüchtet er sich in einfache Handlungsschemata, z. B. Trommeln mit den Fingern, Wippen oder Wackeln mit dem Fuß, Anzünden einer Zigarette.

Es gibt viele intelligente Kinder mit hyperaktivem Verhalten, die trotz ihrer Unruhe geistiges Kombinieren entwickeln, ebenso die Symbolstufe und damit die Phantasie. Das brüchig angelegte Fundament ihres Energiehaushalts und ihrer Lernbereitschaft wird von der Umwelt zunächst als erträglich empfunden. Erst wenn ein reiferer Spannungsbogen im Rahmen einer Lerngruppe verlangt wird, erst wenn die Anpassung an ein vielfältiges »Du«, d. h. an das »Wir« verlangt wird, dann scheitert das Kind, weil es der Gruppennorm nicht gerecht werden kann. Es leidet unter Versagensgefühlen und dekompensiert, indem es in frühere Entwicklungsstufen zurückkehrt.

Aus dem bisher Ausgeführten ergibt sich für uns folgende Feststellung:

1. Hyperaktives Verhalten spiegelt einen **Streß** wider.
2. Hyperaktives Verhalten deutet auf eine **Entwicklungsblockierung** hin, die vor der oder in der sensomotorischen Stufe entstand. Durch die Blockierung in einer bestimmten frühen Stufe wird das Kind in seiner Entwicklung auf allen späteren Stufen geschwächt. Diese Schwächung macht es anfällig für weitere beunruhigende Situationen.
   Je nach der individuellen Begabungs-, eigener Persönlichkeits- und der familiären Struktur – wie auch derer größeren sozialen Zusammenhänge – kann die Entwicklungsbeeinträchtigung die Intelligenz wie auch die gesamte Persönlichkeit einschränken.
3. Hyperaktives Verhalten kann auch durch **Regression** entstehen, wenn jenseits der sensomotorischen Stufe eine Traumatisierung (= Verletzung) stattfindet.
4. Hyperaktives Verhalten **deformiert** die Anlage zur sensomotorischen Integration (Eingliederung) in der Phase der Plastizität des kindlichen Gehirns und beeinflußt nachhaltig **die Transmitterentwicklung**.
5. Hyperaktives Verhalten **verzerrt alle Wahrnehmung**, die sensomotorische, die soziale Wahrnehmung inklusive der Selbstwahrnehmung.
6. **Hyperaktives Verhalten** erwirbt das Kind in den allermeisten Fällen **durch eine unangemessene Art der Kinderbetreuung**. Dieses Geschehen ist immer multifaktoriell zu sehen: der krankmachende hektische Zeitgeist, die Zerstrittenheit unter den Erziehungswissenschaftlern, die durch die eigene Vorgeschichte geschwächten Eltern, die konstitutionelle Sensibilität und die Irritabilität des Kindes, mit der es auf die sich nicht einig werdenden Eltern antwortet, die Umstände seines beginnenden Lebens... usw.

Wie beugt man der Hyperaktivität vor?

Liebe Eltern, mit Recht fragen Sie sich, was sollen Sie mit dem Kapitel »Vorbeugung«, wo bei Ihnen – in der Familie – das Unheil doch schon seinen Lauf genommen hat und Ihr Kind schon hyperaktiv ist. Aus keinem anderen Grund haben Sie ja das Buch gekauft: Sie erhoffen sich Hilfe für sich und Ihr Kind.

Wir bitten Sie, lesen Sie doch dieses Kapitel trotzdem. Sehr wahrscheinlich können Sie ihm nämlich einige Tips entnehmen, wie Sie die Hyperaktivität Ihres Kindes mildern und dem sich verstärkenden Prozeß vorbeugen können.

Laut Statistik sind die meisten hyperaktiven Kinder Erstgeborene und Knaben. Vielleicht sind Sie durch Ihr erstes, hyperaktives Kind schon so strapaziert und fühlen sich in Ihrer Erziehungskunst schon so in Frage gestellt, daß Sie keine weiteren Kinder mehr wünschen.

Sie sollten aber doch! Denn nach unserer Erfahrung (und unserer statistischen Erhebung) gehören zwei hyperaktive Kinder in der Familie zur Ausnahme. Ganz abgesehen davon, daß Sie durch die hohe Schule der Elternschaft schon gegangen sind und höchstwahrscheinlich – ganz ohne uns – schon wissen, was für ein Kind gut ist und was nicht.

Aus Fehlern wird man eben klug!

Wenn wir Sie bitten, das Kapitel »Vorbeugung« zu lesen, so hat es nur den Grund, Ihnen bewußt werden zu lassen, was Sie nach leidvoller Erfahrung eh schon wissen. Nur Bewußtsein schützt vor Fehlern wirklich! Sie werden auch verstehen, daß wir das Kapitel »Vorbeugung« all jenen schuldig sind, die sich als Helfer und Berater um die Begleitung von Kindern auf ihrem langen Weg ins Leben bemühen. Damit eben nicht noch weiteres »Lehrgeld« bezahlt werden muß, wollen wir dieses Kapitel aufschreiben, wie es sich uns nach unserer beruflichen Erfahrung und unserem beruflichen Alltag darstellt.

Wir sprechen mit diesem Kapitel hauptsächlich die Helfer und Leser an, die sich über dieses Thema informieren wollen; natürlich auch Eltern, die am Anfang des Weges stehen. Wir vergessen aber dabei nicht Sie, liebe Eltern, die Sie das hyperaktive Kind schon haben.

Wir **müssen** aufgrund unseres beruflichen Alltags sagen und müssen es immer wieder und wieder sagen:

Bis zum Erwerb des »Ich« sind vor allem anderen die Bedürfnisse nach Sicherheit und Geborgenheit zu sättigen.

Sicherheit entsteht dem Menschen nicht anders, als daß ihm seine Erwartungen erfüllt werden. Sicherheit kann auch ein technisches Gerät vermitteln, auf das ich mich verlassen kann: Wenn ich den Knopf drücke, geht das Licht an, geht die Türe auf. **Geborgenheit ist aber mehr als Sicherheit**. Geborgenheit ist Sicherheit eingebettet in Gefühle und das bedeutet: **Geborgenheit ist eine ganzheitliche, ganzmachende Erfahrung**.

Wie entsteht Geborgenheit?

Antwort: **Indem man vielfältig die Erfahrungen macht, auf die man sich verlassen kann.**

Das bedeutet im Mutterleib: Rhythmisch sich bewegendes, eng begrenztes Nest!

Unsere Lebensweise läßt dem Kind sehr wenig Rhythmus im Mutterleib zu. Deshalb muß der Ausgleich bewußt herbeigeführt werden. Die Schwangerschaftsgymnastik allein und auch der gelegentliche Einkaufsbummel genügen nicht. Vielmehr sollte die Mutter bei einer unkomplizierten Schwangerschaft alle Tätigkeiten bevorzugen, die von gleichförmigen Bewegungen begleitet sind: Lange Spaziergänge, Wandern, Tänze mit fließendem Rhythmus, im Schaukelstuhl schaukeln, Schwimmen, Radfahren... Auch im Sitzen oder Liegen kann dem Kind die Erfahrung des Rhythmus vermittelt werden, indem die Mutter über ihren Bauch in rhythmischen abrundenden Bewegungen streicht. Auf die gleiche Weise sollen auch die Eigenbewegungen des Kindes beantwortet werden.

Wenn die Mutter auf diese Weise in den ersten Dialog mit ihrem Kind eintritt, dann tut es dem Kind wohl, wenn sie dabei singt. Die Vibration ihrer Stimme und die Bewegungen ihres Zwerchfells vermitteln dem Kind ebenfalls den wiegenden Rhythmus.

Auch der Vater kann an dieser Stelle schon wirksam werden, indem er seinerseits den haptischen Dialog mit seinem Kind aufnimmt und es durch die Bauchdecken der Mutter liebkost. Jede Berührung tut dem Kind gut (auch die tapsigen Berührungen durch die Geschwister).

Besonders geeignet sind Berührungen systematischer Art: Abtasten und Erspüren der einzelnen Körperteile des Kindes und dabei die durch die liebkosende Berührung beim Kind herausgeforderte Bewegung abwarten, um sie zu beantworten. Der ritualisierte Berührungsdialog kann in die tägliche Körperpflege der Mutter eingebaut werden.

Durch die sich langsam verbreitenden Beratungsstellen zur Geburtsvorbereitung und von einzelnen Hebammen wurden Programme zur Babymassage und zu Gesprächen mit dem Baby im Bauch der Mutter ausgearbeitet. Auch an Einrichtungen wie Volkshochschulen, Mütterschulen, Haus der Familie werden Seminare angeboten, wo die Schwangere und ihr Ehemann solche Massageprogramme und das erste Gespräch mit dem Kind erlernen können.

Zur Empfindung der Geborgenheit im Mutterleib gehört auch die Erfahrung des Hörens von »Voraus-Hörbarem«, der vertraute Klang (nachgewiesenermaßen kann das Kind nach der Geburt die Stimme des Vaters, in der Schwangerschaft gehörte bestimmte Musikstücke und bestimmte Geräusche wieder erkennen und sich darunter beruhigen). Deshalb ist es nicht einerlei, was man dem Kind im Mutterleib zum Hören anbietet. Wiederholtes Hören eines bestimmten Musikstücks vermittelt dem Kind ein sicheres Sich-verlassen-Können auf seine Wahrnehmung und darüber die Sicherheit und Geborgenheit, die es in sein nachgeburtliches Leben mitnimmt (beispielsweise wurde uns einmal ein hyperaktives, aus Indien gleich nach seiner Geburt hierher adoptiertes Kind vorgestellt, das sich *nur* unter dem Klang indischer Lieder wieder beruhigen ließ).

Eine Mutter, die in der Schwangerschaft Ruhe einhalten soll, muß um so bewußter den Rhythmus für ihr Kind herbeiführen, da ihr Kind den natürlich entstehenden Rhythmus ja entbehrt. Unter den bereits genannten Möglichkeiten des Rhythmusangebots sind bestimmt auch solche, die sie anwenden darf. In jedem Fall kann sie ihrem Kind aber den haptischen Dialog (Liebkosen durch die Bauchdecke, eigenes Singen und Musik) anbieten. Wir möchten betonen, daß der Rhythmus, von dem wir sprechen, nichts Selbstzweckmäßiges ist, sondern eingebettet ist in die innige Beziehung zum Kind. Unter dem symbiotischen Miteinanderschwingen fühlt sich das Kind verbunden und angenommen.

Auch durch die im Rahmen der Vorsorgeuntersuchung durchgeführten Ultraschalluntersuchungen, die das Kind auf dem Monitor sichtbar werden lassen, entsteht Verbindung: Mutter und Vater erfreuen sich daran, das lebendige Kind zu sehen, und ihre Beziehung zum Kind erfährt dadurch Unterstützung. Aber die Beziehung bleibt einseitig, weil das Kind zu diesem Zeitpunkt nicht sehend wahrnehmen kann. Das »Zusammen«-, »Miteinander«-Leben, das im Wort Symbiose steckt, kommt nicht zustande. Die wesentliche Verschmelzung von Mutter und Kind, wie sie schöpfungsbedingt vorgesehen ist, geschieht nur unter dem leiblich wahrgenommenen Miteinander-Bewegen.

Um ihrem Kind in der Schwangerschaft Ruhe und das Gleichgewicht geben zu können, muß auch die Mutter um ihr inneres Gleichgewicht besorgt sein. Streß, in dem sich der Erwachsene befindet, überträgt sich unmittelbar auf das Kind. Es ist schwer anzuraten, sich in der Schwangerschaft vor Aufregung, seelischen Verletzungen und dergleichen zu schützen, denn solche Aufwühlungen geschehen ja oft schicksalshaft. Aber viel Kummer ist auch vermeidbar, und deshalb sollte sich die schwangere Mutter mit unnötigen Auseinandersetzungen nicht plagen und sollte auch nicht unnötig geplagt werden. Ähnlich den Kursen für Babymassagen und denen für das erste Gespräch mit dem Kind werden an Volkshochschulen und anderen Einrichtungen auch Kurse für »Entspannungsübungen für Schwangere« angeboten.

Das bedeutet für ein Frühgeborenes, daß es Rhythmus und Körpersinnerfahrungen fortsetzen kann!

Es ist allerdings schwierig, dem auf Intensivpflege und ärztliche Versorgung angewiesenen Frühgeborenen dies adäquat zu vermitteln. Dabei hat das Frühgeborene, das ja sehr oft aus einer Risikoschwangerschaft stammt (in der die Mutter zur Bettruhe verpflichtet war), einen Nachholbedarf an Rhythmus und Bewegungserfahrung!

Durch Forschungen über vorgeburtliche und nachgeburtliche Bedürfnisse des Kindes ist der Wissenschaft erst seit kurzem bekannt, daß hier ein Problem liegt. Die Neonatologie, in ersten Anfängen, versucht, dem Problem zu begegnen. Es sind Bemühungen im Gange, das Kind mit dem Inkubator (Brutkasten) rhythmisch zu bewegen. Man gibt dem Kind Kleidungsstücke der Mutter in den Inkubator, damit das Kind wenigstens den vertrauten Körpergeruch der Mutter wahrnehmen kann. Man spielt die Herztöne der Mutter dem Kind in den Inkubator ein, damit es wenigstens eine vertraute Wahrnehmung hat. Man erlaubt den Eltern, das Kind im Inkubator zu streicheln und man gibt es frühzeitig, oft noch künstlich beatmet und über Infusionen ernährt, ihnen in den Arm, damit es ihre Nähe spüren kann. Man versucht seine Unruhe durch dichtes Wickeln zu hemmen, um es die Erfahrung der Enge fortsetzen zu lassen...

Solange das Kind auf die intensive medizinische Versorgung angewiesen ist, werden wohl alle Bemühungen, ihm sein Grundbedürfnis nach Geborgenheit zu sättigen, Stückwerk bleiben müssen. Um so wichtiger ist es, daß die Mutter *nach* der Krankenhausentlassung auf einen geeigneten Umgang mit ihrem Kind vorbereitet ist.

Was dem Kind normalerweise nach der Geburt zusteht, wollen wir im nächsten Absatz beschreiben, damit die Mutter lernt, diese Zuwendung (bewußter und) intensiver zu tun.

Das bedeutet für das gesunde Neugeborene, daß es nach Überwinden des Geburtsschocks (s. S. 21) seine Symbiose mit der Mutter noch fortsetzen kann!

Das geschieht dadurch, daß es unmittelbar nach der Geburt mit seinen Sinnen die Mutter wieder erkennen kann, indem es die gleichen Atmungsbewegungen, die gleichen Streichelbewegungen, den gleichen Herzschlag, die Stimme, den Geruch der Mutter an ihrem Körper ruhend wahrnimmt. Es ist auf die Nähe der Mutter (Eltern) angewiesen, um sich beruhigen und zu Hause fühlen zu können. Dieses »Rooming-in« braucht das Kind nicht nur am Tag, sondern auch in der Nacht.

Die notwendige nahe Verbindung mit der Mutter kommt am ehesten dadurch zustande, wenn das Kind gestillt oder am Leib der Mutter (im Tragtuch) getragen wird. Dem Chaos der Leere kann vorgebeugt werden durch festes Wickeln. Von allen vorgeburtlichen Erfahrungen ist dem Kind die Erfahrung des Rhythmus am wichtigsten. Diesen kann es wieder erfahren, wenn es getragen im Arm der Eltern rhythmisch bewegt, in eine Hängematte oder in eine Wiege gelegt wird. Nichts wird von dem Kind als so zuverlässig erlebt wie der schwingende, ewig sich wiederholende Rhythmus. Die gute Wiege läßt etwa 80 Schwingungen pro Minute zu und unter etwa 80 Schwingungen pro Minute schläft ein zufriedenes Kind ein. Ein angespanntes (weinendes) Kind verlangt nach über 100 Schwingungen pro Minute.

Die vorgeburtliche Erfahrung regelmäßiger Massagen kann nach der Geburt voll ausgebaut werden. Das Kind kann mit der ganzen Körperoberfläche fühlen und genießt es, wenn seine Körperteile nach bestimmten Regeln berührt werden. Solche Rituale bieten sich bei der täglichen Körperpflege an, wodurch dem Kind das Sicheinfühlen (»Einwohnen«) in den eigenen Leib erleichtert wird und sein Körperbewußtsein angebahnt wird. Über derartige Rituale lernt das Kind auch die zuverlässige Kommunikation mit der Mutter, dem Vater und es lernt durch das Ritual (gleichbleibende Verrichtungen vom Einlassen des Badewassers bis zum Abtrocknen, gleiche Reihenfolge der Verrichtungen und Erlebnisse beim Wickeln, gleichbleibende Reihenfolge der Berührung seiner Körperteile in Berührungs- oder Krabbelspielen) den nächsten Schritt mit dem ganzen Körper wahrzunehmen und ihn in einer späteren Altersstufe auch vorausdenken zu können.

In ähnlicher Weise wie die Bewegungsrituale wirken auch die akustisch wahrnehmbaren Rituale auf die Wachsamkeit und Erwartungshaltung des Kindes. Sie bestehen darin, daß die Mutter alle stimmlichen Lebensäußerungen ihres Kindes, sein Gurgeln, Jauchzen, Rätscheln, sein Lachen, Weinen, Stöhnen, aber auch sein Husten und Niesen nachahmt.

Es ist wichtig, daß die Mutter der stimmlichen Äußerung des Kindes genügend Raum läßt, indem sie in ruhiger Aufmerksamkeit und Zuwendung abwartet, bis das Kind geendet hat.

Wiederum sollte sie ihrem Kind genügend Raum und Zeit lassen, daß es ihre Nachahmung wieder beantworten kann. Es braucht tatsächlich einen Zeitraum, in dem sich dieser Dialog und das sich ruhig Aufeinander-einstimmen und ruhig Aneinander-freuen-Können einspielt. Diese Unterhaltung mit dem Baby ist im Grunde eine instinktive Handlung. Leider hat sie an Natürlichkeit bei den heutigen Eltern, die dazu neigen, in der Sprache des Erwachsenen mit dem Kind zu sprechen, eingebüßt.

Wenn sich ein unruhiges Kind nicht gleich beruhigen läßt, sollten sich die Eltern nicht dazu verleiten lassen, seine Lage an ihrem Leib beständig zu verändern. Auch wenn sich das Kind in einer bestimmten Lage, z. B. mit abgewandtem Gesicht über den Schultern liegend, nur für kurze Zeit beruhigen läßt, so sollten die Eltern nicht aufgeben, ihm eine von der Mutter (dem Vater) bestimmte und gleichbleibende Lage anzubieten. Die beste und zur dauerhaften Beruhigung führende Lage ist immer noch die, die im Arm von Mutter oder Vater dem Kind auch den Blickkontakt zuläßt.

Das Wichtigste ist, daß zwischen Eltern und Kind eine gegenseitige Anpassung zustande kommt. Das Kind muß sich der Lage anpassen, die Eltern aber müssen feinfühlig auf seine Gefühle und Bedürfnisse eingehen können. Man sollte nicht aufhören zu trösten, bis sich das Kind endgültig beruhigt hat.

Im Mutterleib war das Kind von all jenen Reizen abgeschirmt, die es aufgrund der Unreife seiner Sinne noch nicht verarbeiten und einordnen konnte. Die Anpassung an die Außenwelt vollzieht sich in Stufen: Vor einem Zuviel an Anregung und Anreizen muß das Kind durch seine Eltern beschützt werden. Besonderen Schutz und sorgfältige Abschirmung von Anreizen, die nicht von Mutter oder Vater und der unmittelbaren Familie ausgehen, braucht das Kind in den ersten beiden Lebensmonaten. Bis heute fühlen sich die von alten Traditionen geleiteten Kulturkreise verpflichtet, dem Bedürfnis des Neugeborenen nach Schonraum nachzugeben. In den ersten 4 bzw. 6 Wochen lebt das Kind mit seiner Mutter in einer Nische. Früher verließ das Kind beispielsweise sein Elternhaus erstmals, wenn es zur Taufe getragen wurde, und das war im Alter von 4–6 Wochen der Fall.

Wir müssen auch erwähnen, da es offenbar aus unserem Bewußtsein geschwunden ist, daß auch die unmittelbare Besonnung für das Kind in den ersten Lebensmonaten zu den nicht verarbeitbaren Reizen gehört.

Das bedeutet für den Säugling bis etwa zum 6. Lebensmonat, daß alle die Empfehlungen, die für das neugeborene Kind und das Kind bis etwa zum 2. Lebensmonat gemacht wurden, auch für den älteren Säugling gelten.

Auch er muß die Symbiose mit der Mutter noch fortsetzen können, auch er muß Nachahmung und »baby-talk« erfahren, er braucht in gleicher Weise Trost und Bestimmung durch die Eltern…, braucht die Abschirmung vor Reizen. Letztlich löst sich ihm die Nische auf, und die Welt des Ergreifens der Dinge erschließt sich ihm. Seine Aufmerksamkeit ist zunächst auf einen einzelnen Gegenstand fixiert, der auf vielfältige Weise und ausgiebig wahrgenommen wird. Um die Aufmerksamkeit des Säuglings nicht zu zersplittern, darf man ihm nicht mehr Gegenstände der gleichen Art und schon überhaupt nicht mehr Gegenstände zugleich anbieten. Weniger ist jetzt mehr! Das Kind braucht wirklich nicht 5 Rasseln, die es von verschiedenen Leuten geschenkt bekam. Es genügt ihm die eine Rassel, an der sich das Kind mit seinen verschiedenen Sinnen übt, an der es sich zeitlich *ausgiebig »sinnlich weidet«*. Das Kind hält in dieser Stufe zwar schon Ausschau nach der Welt, bewegt sich selbst aber noch nicht fort und kann infolgedessen nur die Gegenstände seines allernächsten Umfeldes aus eigenem Antrieb erkunden. So ist es immer der Erwachsene, der über die Angebote bestimmt, die dem Kind zur Verfügung stehen. Der Erwachsene hat die Funktion des Filters. Das beste »Übungsfeld« für die Greiffunktion ist die Mutter oder der Vater selber. Immer die gleichen Haare, immer der gleiche Mund, die gleichen Augen, aber mit verschiedenen Reaktionen. Es sind immer die gleichen Hände, die aber stets etwas anderes tun: krabbeln, streicheln, stupsen…

Das bedeutet für den Säugling ab dem 6. Lebensmonat und für das Kleinkind bis etwa zum 18. Lebensmonat, daß seine Angebote und Erlebnisse in besonderer Weise vom Erwachsenen gefiltert werden, denn es steht ihm die eigene Fortbewegung jetzt mehr und mehr zur Verfügung!

Nichts ist schädlicher in dieser Stufe als den Ratschlag der liberalistisch-hedonistischen Pädagogik anzunehmen und das Kind frei, ohne Hemmung und Kanalisierung seines Bewegungsdrangs zu lassen. *Damit sich dem Kind die erfahrenen Zusammenhänge zwischen Ursache und Wirkungen stabilisieren, braucht es in ganz besonderem Maße die Lenkung des Erwachsenen zu gleichartigen Erlebnissen.*

Unter dem Schutz des Erwachsenen möchte das Kind seine Aufmerksamkeit auf *ein Ziel* ausrichten und *einen Höhepunkt* durch seine Tätigkeit erreichen. Nur die durch Wiederholung vertrauten Handlungsketten kann das Kind als Ganzes überschauen. Deshalb sollten die Erwachsenen das Kind zur Wiederholung animieren. Der Erwachsene soll ihm auch einen Freiraum schaffen, in dem es ungehindert entdecken kann. In Abhängigkeit von seiner Reife kann es in diesem beschützten Rahmen auch schon einzelne Verbote respektieren (z. B. nicht an die Vase zu fassen, nicht gegen die Scheibe der Balkontüre mit den Bauklötzchen zu klopfen) und muß dies auch tun. Aber dem Wesen nach müßte es in diesem »beschützten und beschützenden« Raum seiner Neugier nachgehen dürfen, um eigene Erfahrungen zu sammeln und seine erwachende Intelligenz ausweiten zu können.

Der Erwachsene muß aber aufmerksam sein und die Verantwortung dafür übernehmen, welche Erfahrungen das Kind in dem vorgegebenen Rahmen tatsächlich aufsammeln kann. Viele Tätigkeiten werden von dem Kind erst dann als zufriedenstellend empfunden, wenn sie von ihm zu Ende gebracht werden. Auch hierfür benötigt es oft die Hilfe des Erwachsenen: Die Schuhe, die das Kind aus dem Schuhschrank ausgeräumt hat, werden wieder zurückgestellt und die Türe wird zugeklappt. Es werden alle Becher bis zum kleinsten zu einem Turm aufeinander gesetzt.

Wenn das Kind anfängt, hektisch von einer Tätigkeit zur anderen, von einem Gegenstand zum anderen zu springen, oder wenn es sogar in die primitivere Form des ungezielten Manipulierens zurückfällt, soll es lieber diesem Streß nicht alleine überlassen werden.

Entweder läßt es sich von dem Erwachsenen durch Nachahmung wieder in die reifere Form des Erkundens locken und verweilt mit konzentriertem Tun wieder bei einem Gegenstand, oder es sollte durch den Erwachsenen zu einer Erholungspause gelenkt werden. Statt das Kind unbefriedigenden Erlebnissen zu überlassen, ist es tatsächlich besser, es im Arm zu halten und rasten zu lassen, auch wenn es damit zunächst nicht einverstanden zu sein scheint.

Die Grundsätze des Lernens auf dieser Stufe (Wiederholen bestimmter Tätigkeiten nach bestimmten Regeln und zu einem Ziel, sprich: dem erwarteten Höhepunkt gerichtet) gelten nicht nur für den spontanen Umgang mit den Dingen, sondern auch für Kommunikationsspiele. Und von denen kann man in diesem Alter nicht genug spielen!!

- **Versteckspielchen:**
  »Wo ist denn das Kind?« »Da!« »Wo ist denn der Daumen«, »der Ball«, »der Löffel?«...

- **Wiegespielchen:**
  Als ein mögliches Beispiel, das man auf dem Schoß mit dem Kind spielen kann, sei hier genannt:

»Ein Schiffchen fährt auf dem Meer – es schaukelt hin, es schaukelt her – kommt ein Sturm (pusten) fällt das Schiffchen um.«[1]

Man legt das Kind dabei so auf den Schoß, daß sein Gesicht in das Ihre schaut und sein Oberkörper auf Ihren Oberschenkeln ruht, seine Beine jedoch an Ihrem Oberkörper. Bewegen Sie nun abwechselnd Ihr rechtes und linkes Bein auf und ab, beim jüngeren Kind behutsam und langsam, beim älteren Kind das Tempo steigernd, so entstehen wiegende Schaukelbewegungen.

- **Kitzelspielchen**, von denen es unzählige gibt:
  Hier sei ein mundartliches aus der Bodensee-Gegend genannt:
  »Kommt ein Bär aus Konstanz her –
  ein schwarzer und ein wießer –
  der tut das Hänschen bießa...«

- **Kommunikationsspiele**, wie z. B.:
  »Geht ein Mann die Treppe hoch, klopft da an (Stirn)
  macht kille-killeling (Ohrläppchen)
  guten Tag Herr Nasemann!«

- **Hopsespielchen:**
  »Hoppe-Hoppe Reiter, wenn er fällt,
  dann schreit er...
  fällt er in den Graben,
  finden ihn die Raben,
  fällt er in die Hecken,
  finden ihn die Schnecken,
  fällt er in den Sumpf,
  macht der Reiter plumps!«
  oder
  »So reiten die Damen, so reiten die Herrn,
  so ruckelt der Bauer, das mag mein Kind gern...«

Anhand dieser Spiele erlernt das Kind mit Freude und Geduld, einfache Regeln einzuhalten, und seine Aufmerksamkeit wird kanalisiert. Der besondere Gewinn beim Erleben dieser Spiele liegt darin, daß das Kind sich auf sich selbst wie auch auf den erwachsenen Spielpartner vertrauen und verlassen lernt, dadurch Sicherheit und Geborgenheit gewinnt, aber auch »ich« und »du« anfängt, sich ihm zu scheiden. In geordneten Strukturen fängt die Symbiose an, sich aufzulösen.

---

1) Aus: Austermann, Marianne/Wohlleben, Gesa: Zehn kleine Krabbelfinger, Spiel und Spaß mit unseren Kleinen, Kösel-Verlag, München 1989.

Zusammenfassung der Grundsätze zur Vorbeugung hyperaktiven Verhaltens

Hyperaktivem Verhalten kann vorgebeugt werden, besonders auf der sensomotorischen Stufe und unter folgenden Voraussetzungen:

1. Die symbiotische Bindung mit der Mutter (schon im Mutterleib beginnend) wird leiblich/seelisch ausgelebt.
2. Die Bindung wird stufenweise zugunsten der Loslösung zurückgenommen, wobei die Loslösung noch im geschützten Rahmen sich vollzieht.
3. Der Bewegungsdrang des Kindes wird unter Wahrnehmung zuverlässigen Körperkontaktes geordnet und zu bewußtem Erleben der Bewegung und seiner zielgerichteten Aktivitäten gelenkt.
4. Das Kind wird vor Streß und damit vor Tätigkeiten und Reizen geschützt, die es noch nicht verarbeiten kann. (Die Reifung seiner Verarbeitungsmöglichkeiten ist ein Prozeß, der zu Vielfalt und Wachstum führt – demzufolge hat der Schonraum, in dem sich das Kind bewegt und bewähren kann, eine dynamische Größe.)
5. In die Erlebniswelt des Kindes werden Regelmäßigkeiten (Rituale und Regeln) eingeführt.
6. Das Kind bekommt Gelegenheit, Einfühlungsvermögen und Rücksichtnahme für den anderen zu erwerben, um dadurch seine Körperaktivität und Aufmerksamkeit zu steuern. Diese Fähigkeit erwirbt es dadurch, daß es Bei- und Widerstand bei seinen Kontaktpersonen wahrnimmt.

Diese Grundsätze behalten weit über die sensomotorische Stufe hinaus ihre Gültigkeit. Im Grunde muß nach ihnen während der ganzen Kindheit verfahren werden, auch dann noch, wenn das Kind seine Ich-Identität schon erworben hat. Auf seinen Loslösungswegen kann jede neue Situation für das Kind Streß bedeuten und das Bedürfnis nach Schutz und Halt, auch das Bedürfnis nach Vorfilterung seiner Erfahrungen auslösen.

Beim Schreiben dieses Kapitels überkam uns das Gefühl, daß wir hier Banalitäten erwähnen, die doch jedem Vater, jeder Mutter, jedem Erziehenden selbstverständlich sind. Leider scheint dies nicht der Fall zu sein. Weil wir uns diesen Selbstverständlichkeiten entfremdet haben, bleibt den Eltern nur die gut gemeinte, aber ungute Art des Improvisierens, und Eltern und Kinder stürzen sich damit in Unruhe.

Noch etwas:

Als wir dieses Kapitel soeben beendet hatten, wollten wir uns in der Hitze des Tages ein Eis genehmigen, und wir gingen in die italienische Eisdiele um die Ecke. Auf dem kurzen Weg trafen wir einen kinderärztlichen Kollegen, der uns sehr viele hyperaktive Kinder zur Beurteilung zuweist und der uns auf unser letztes gemeinsames Buch (Kinder sind Gäste, die nach dem Weg fragen) hin ansprach.

Er fragte: »Warum ist es Ihnen so wichtig, daß die Kinder nach der Geburt fest gewickelt werden...?« Gewissermaßen als Antwort trafen wir in der Eisdiele einen uns befreundeten Sozialpädagogen, seit 8 Wochen stolzer Vater einer kleinen Tochter. Diese lag neben ihm in der prallen Sonne, unglücklich weinend, mit allen beiden Armen und Beinen zappelnd in ihrem Tragesitz. Der Vater beklopfte sie liebevoll und rhythmisch. Aber es half nichts... Ihr unglückliches Weinen bildete den anhaltenden Kontrast zu dem fröhlichen Jauchzen eines etwa 1 ½jährigen Buben, der sich in freier Erkundung in der ganzen Eisdiele zu schaffen machte. Noch aufrecht gehend, erreichte er den Gartenteich, doch dann zog er es vor, mit allen Vieren darin zu plantschen, um dann zurückzukrabbeln und auf seinem Weg eine am Boden stehende Handtasche umzuwerfen und ein Ding nach dem anderen ihres Inhalts wegzuwerfen. Er stand auf, setzte seinen Erkundungsgang von Tisch zu Tisch fort und geriet dabei dem Kellner zwischen die Beine, als dieser gerade von einem übervollen Tablett einen großen Eisbecher einer jungen Frau auf den Tisch geben wollte...: »Ich weiche diesem Kind nun schon zum fünften Mal aus, und das bei diesem Betrieb. Ist es vielleicht Ihr's...? Nehmen Sie es doch bitte auf den Schoß...!« Es war ihr's!

Die Behandlung der kindlichen Unruhe

Voraussetzungen für die Festlegung einer Behandlung

An dem Symptom »Hyperaktivität« alleine herumzudoktern, wäre so unvernünftig wie einen schmerzenden Zahn ohne vorausgehende Röntgenuntersuchung seiner Wurzeln einfach anzubohren und zu plombieren. Selten ist ein einzelnes Kraut gegen die Hyperaktivität gewachsen bzw. ist *ein Medikament allein* die Lösung!

Es muß immer eine breit angelegte diagnostische Abklärung der möglichen Ursachen unternommen werden. Jede sinnvolle Therapie packt die Krankheit an ihren Wurzeln. Die diagnostische Abklärung ist stets ein dynamisches Geschehen, das vom Untersucher viel Erfahrung und Flexibilität verlangt, aber auch Vielseitigkeit und ganzheitliches Denken, um die verschiedenen Ursachen in ihrer Wechselwirkung verstehen zu können. Ein starres Untersuchungsschema eignet sich hierfür nicht.

Die Untersuchung muß deshalb breitgefächert angelegt sein, weil »Hyperaktivität« ein relativ unspezifisches Verhalten ist, das immer dann auftritt, wenn die Aufmerksamkeit, die Konzentrationsfähigkeit zerfällt. Die Ursachen hierfür können tatsächlich in allen Lebens- und Entwicklungsbereichen des Kindes liegen:

- in einer Verletzung des Grundbedürfnisses nach Geborgenheit, Angenommensein und Liebe, aber auch der Grundbedürfnisse nach Durchsetzung und Loslösung
- in einem Mangel der sensomotorischen Entwicklung und des Urvertrauens durch zu frühen Abbruch der Bindung mit der Mutter
- in einer beunruhigenden familiären Problematik
- in einer zerebralen Dysfunktion, die konstitutionell oder erworben (durch Schädigung oder Fehlprägung) sein kann
- in der Schlüsselerfahrung der Haltlosigkeit auf einer oder mehreren Stufen der frühkindlichen Bewegungsentwicklung
- in einer Reizüberflutung durch ungeordnete Umwelteinflüsse
- in einer intellektuellen Überforderung und in Streß durch Leistungsdruck
- in Unverträglichkeiten der Nahrung und Allergien

Wenn Sie also für ein hyperaktives Kind eine Therapie finden wollen, dann suchen Sie bitte einen erfahrenen Fachmann auf, den Sie unter Kinderärzten, Kinderpsychiatern und Kinderneurologen, aber auch an den sozialpädiatrischen Ambulanzen und Erziehungsberatungsstellen finden können. Den Erfahrenen erkennen Sie daran, daß er im Untersuchungsgang die von uns angeführten Bereiche abtastet. Mit Ihren differenzierten Auskünften können Sie ihm die schwere Arbeit erleichtern. Das allerwichtigste im *Untersuchungsgang* ist die Anamnese.

Die Anamnese

Wann begann die Unruhe?

Auf diese Frage die der Wahrheit entsprechende Antwort zu bekommen, ist nicht selbstverständlich. Meist wird die Unruhe des Kindes erst dann bemerkt, wenn sie jemanden stört. Deshalb sollte man gleich dazufragen, wer hat die Unruhe als erster bemerkt, und es empfiehlt sich zu erfassen, ob das Kind zu Zeiten, als es noch nicht störte, sich alleine sinnvoll beschäftigen und ruhig und konzentriert spielen konnte.

War dies nicht der Fall, so hat die Unruhe mit großer Wahrscheinlichkeit schon früher bestanden. Auf alle Fälle müssen die Lebensumstände des Kindes näher erforscht werden, die zu der Zeit vorlagen, als die Unruhe aufbrach, also:

Wann begann die Unruhe?

- Was war damals in der Familie los?
- Wie war das Kind zu dieser Zeit?
- Unter welchen Umständen war es ruhig – wenn überhaupt?
- War es zutraulich und ließ sich lenken?
- War es ablehnend, verweigernd?
- Machte es nur das, was es selber wollte oder konnte es sich auch anpassen?
- Konnte es mit anderen Kindern spielen?
- Wie war sein Eß- und Schlafverhalten?
- Drängte es sich – und mit welchen Mitteln – in eine Mittelpunktsrolle?
- Wie ging es mit Enttäuschungen um?

Man sollte sich Gedanken machen, ob das Kind vor dieser Zeit in seinem Verhalten anders war – ebenso wie darüber, ob es sich bis heute in seinem Verhalten geändert hat.

Wie sieht der Lebenslauf des Kindes aus?

- Wie war der Schwangerschaftsverlauf? War es eine erwünschte Schwangerschaft? Konnte die Mutter sich viel bewegen? Mußte sie liegen? Konnte die Schwangerschaft ausgetragen werden?

- Wie war die Geburt? Normal? Ein Kaiserschnitt?
- Was war in der Neugeborenenperiode? Wie lange waren Mutter und Kind in der Klinik? Konnte »Rooming-in« eingehalten werden? Konnte das Kind gestillt werden? War es trinkfreudig?
- War das Kind einmal krank gewesen? Eine längere Zeit im Krankenhaus? Wie hat es sich entwickelt? Wann hat es sitzen, krabbeln, stehen, laufen, sprechen gelernt? Hat es gefremdelt? Hat es sich für längere Zeit umarmen lassen? Wann hat es getrotzt? Hat es überhaupt getrotzt? Wann erschien die Ich-Form in der Sprache? Wann wurde das Kind sauber?
- Wann war das Kind in den Kindergarten, in die Schule gekommen? Hat sich dadurch etwas an seinem Verhalten verändert? Schulisches Gedeihen?
- War Fremdbetreuung notwendig gewesen?
- Hat sich an der Familienstruktur etwas verändert? War ein Geschwisterchen geboren worden? War Mutter/Vater erkrankt oder längere Zeit abwesend? Ist ein Familienmitglied verstorben? Leben die Eltern getrennt und seit wann? Andere Aufregungen?
- Was war bisher zur Abklärung oder zur Behandlung der Unruhe unternommen worden?

Die Untersuchung des Kindes umfaßt dann

- den neurologischen Status und eine sog. motoskopische (Untersuchung der Bewegungskoordination) bzw. entwicklungsneurologische Untersuchung einschließlich der Überprüfung von Hören und Sehen, die Untersuchung der psychischen Situation und der Persönlichkeit des Kindes: Neigt es zu Aggressionen, Blockierungen, depressiven Verstimmungen? Wie und auf welchem Stand ist die Kommunikationsfähigkeit? Wie ist das soziale Verhalten?
- die Ermittlung des Entwicklungsstandes: Auf welcher Stufe der sensomotorischen Entwicklung befindet sich das Kind? Wie ist das Zusammenspiel von Auge und Hand? Die Sprachmotorik?
- die Überprüfung der Intelligenz und die Frage: Sind die einzelnen Faktoren der Intelligenz ausgeglichen? Kann das Intelligenzniveau zum Tragen kommen?

Als ergänzende Untersuchungen am Kind können in Frage kommen: je nachdem eine EEG-Untersuchung, Röntgenuntersuchungen einschließlich Computertomographie (CT) oder Kernspintomographie (MRT), gelegentlich internistische Untersuchungen und allergologische Abklärung.

Da das Kind aber immer Teil eines Ganzen ist, ist in den allermeisten Fällen auch seine Einbettung in sein soziales Umfeld wie auch dessen Einfluß näher zu untersuchen. Welchen erzieherischen Einfluß haben die Eltern? Können sie ihr erzieherisches Verhalten aufeinander abstimmen? Zu welchen Werten hin waren die Eltern erzogen worden? Durch welche Umstände ihrer eigenen Vorgeschichte sind die Eltern zu ihrem jetzigen erzieherischen Verhalten hin geprägt worden? Stellung der Eltern in ihrer Geschwisterreihe? Projiziert die Mutter eigene, unausgelebte Wünsche nach Freiheit in das Kind? Ist sie dazu erzogen, sich aufzuopfern?

Elternarbeit

Eben weil das Kind immer Teil eines Ganzen ist, müssen auch immer seine Eltern bzw. auch andere wesentliche Bezugspersonen in das therapeutische Programm mit einbezogen werden.

Je nach der Art der ermittelten Ursache für die Hyperaktivität des Kindes ergibt sich auch die Art und Weise, wie die Eltern einbezogen werden müssen. Wenn eine ausgeprägte emotionale oder soziale Entwicklungsstörung des Kindes vorliegt oder gar wenn eine Störung der Emotionalität bei den Eltern oder Beziehungskonflikte die Ursache sind für das hyperaktive Verhalten des Kindes, so können für die Eltern psychotherapeutische Maßnahmen bzw. Formen der systematischen Familientherapie in Frage kommen.

Es ist jedoch immer notwendig, bei den Eltern Verständnis für die Lage ihres Kindes zu erarbeiten und dem Kind den Halt durch die Eltern zu sichern.

Jede Einrichtung verfährt dabei anders – je nachdem, welche Fachdisziplinen in ihr angesiedelt sind. Bei uns haben sich neben dem intensiven Einzel- bzw. Familien- und Familienrundengespräch sog. *Elternseminare* bewährt. Diese führen wir ganztägig themenzentriert mit höchstens zehn Elternpaaren durch. U.a. machen wir häufig folgende Übungen mit den Kursteilnehmern:

Die Teilnehmer werden paarweise eingeteilt, wobei die Elternpaare getrennt werden. Niemand darf sprechen. Der kleinere Partner spielt das Kind, das sich zum Schwächeren dadurch macht, daß es die Augen schließt als wäre es blind. Der größere Partner hat die Aufgabe, den kleineren und schwächeren zu betreuen. Im Raum werden Stühle als Hindernisse verteilt, und nach jeder Übung werden die Partner gewechselt.

Übung 1:
Der »Erwachsene« führt das »Kind« dadurch, daß er seine Hände auf die Schultern des »Kindes« legt und es weich, kontinuierlich und zuverlässig lenkt.

Übung 2:
Das »Kind« wird »selbständiger«. Es wird nicht mehr zuverlässig an den Schultern gehalten, sondern nur noch angetippt, wenn es die Richtung verändern soll. Auf den Rücken getippt, bedeutet »vorwärts«, beide Schultern gleichzeitig angetippt, bedeutet »stopp«, die rechte Schulter angetippt, heißt »nach rechts« abbiegen, die linke angetippt »nach links« abbiegen und »rückwärts« wird durch mehrfaches Antippen am Kopf vermittelt.

Übung 3:
Das »Kind« darf jetzt frei, ohne Hilfe, aber unter dem Schutz des Betreuers eine zielgerichtete Handlung durchführen. Der Betreuer greift nur bei Gefahr ein. Was sich das »Kind« vornimmt, teilt es nicht mit, sondern tut es einfach: Auf der anderen Seite des Raumes öffnet es die Balkontür, es nimmt sich vor, außerhalb des Raumes auf dem Flur das dort hängende Bild zu entfernen, es will sich aus dem Kühlschrank im Raum die Fanta-Flasche holen.

Im anschließenden Gespräch reflektieren die Teilnehmer ihre *Selbsterfahrung*. Unsere Standardfragen sind: Bei welcher Übung haben Sie sich am wohlsten gefühlt? Was haben Sie wahrgenommen?

Am meisten fühlen sich die Teilnehmer *bei der ersten Übung* geborgen: »Ich habe mich auf den Betreuer voll verlassen.« »Ich wußte, daß mir nichts zustößt.« »Ich konnte mich gehen lassen, obwohl ich nicht wußte wohin der Weg führt.« »Nur gelegentlich ahnte ich, wohin ich geführt würde, aber ich vertraute auf die Führung.«

Bei der Frage, was sie wahrgenommen haben, kommt bei Übung 1 die wenigste Reaktion. Die meisten Menschen nehmen tatsächlich nur den Halt wahr. »Nur den Druck auf die Schultern habe ich gespürt, nur die Hände gefühlt ...« Alle spüren, daß der Halt etwas sehr Wichtiges, aber auch etwas Hemmendes ist. Es ist der Zustand, den ein Kind im Mutterleib oder in der frühen Kindheit braucht, aber er wird zur Bevormundung, wenn eigene Aktivitäten vom Kind nicht zugelassen werden.

Bei der 2. Übung nahmen die Teilnehmer meist die Befehle wahr und den Raum erfaßten sie nicht einmal ahnungsweise. Diese Übung ist deshalb immer die unbeliebteste: »Ich fühlte mich manipuliert, total fremdbestimmt, wie ein Roboter.« »Ich wußte gar nicht wo ich bin, aber das war mir schließlich einerlei.« »Ich war froh, wenn ich die Befehle begriff.« Meist wird diese Übung von den Eltern gleichgesetzt mit dem Drill in der autoritären Erziehung. Niemand kann sich eigentlich bei dieser Übung selbst als Ganzes wahrnehmen, vielmehr ist alle Aufmerksamkeit nur auf die Körperteile gerichtet, von denen der Gehorsam erwartet wird.

Bei der 3. Übung fühlen sich die Seminarteilnehmer meist am sichersten. »Obwohl ich am wenigsten Schutz erfuhr, fühlte ich mich sicher, weil ich mich auf mich selbst verließ. Aber ich konnte mich auch auf mich verlassen, weil ich wußte, daß der andere die Verantwortung für mich trägt.« Und bei dieser Übung nehmen die Teilnehmer eine Fülle von Eindrücken auf. Weil sich jeder durchtasten muß, ist die ganze Aufmerksamkeit auf die Wahrnehmung, auf die haptische Auseinandersetzung mit der Außenwelt gerichtet.

»Die Unterschiede zwischen den hier herumstehenden Stühlen habe ich sehend nie so registriert...«, »Nie war mir bewußt, an was ich die Fanta-Flasche erkennen kann...«, »Ich habe immer gespürt, wenn ich auf einen Menschen zuging...«, »Ich erkannte plötzlich tastend die verschiedenen Mitteilnehmer am Pulli, den ich zuvor gesehen hatte oder am Haarschnitt...« (das innere Sehen war plötzlich abgerufen).

»Ich wußte, will ich das Bild im Flur erreichen, darf ich nicht vom Weg abweichen, sonst verliere ich die Richtung. Ich mußte also ganz genau meine Bewegungen vorausplanen, um an verschiedenen (vorher sehend wahrgenommenen) Hindernissen vorbeizufinden...«

Wenn man bei dieser Übung die Teilnehmer beobachtet, sind nur die »Betreuer« nervös, niemals aber das »blinde Kind«. Die Teilnehmer erfassen bei dieser Übung, daß ihre Bereitschaft, das Ziel zu erreichen und die Sinne und die Kräfte einzuplanen, ihnen die Konzentration und die Ausgeglichenheit und die Steuerung der Bewegung vermittelt. Oft sprechen sie von der Empfindung einer guten Verbundenheit mit dem eigenen Leib und davon, daß sie Selbstvertrauen spürten.

Mittels dieser Übungen lassen wir die Eltern den Körpersinn erleben und haptische Wahrnehmungen erfahren. Sehr häufig kommt bei den Eltern über die Übungen ein Aha-Erlebnis zustande, das ihnen ermöglicht, zu verstehen, was Geborgenheit, Sicherheit, Aufmerksamkeit, Konzentration, Bewegungssteuerung bedeutet...

Eine weitere Übung:

Die Teilnehmer teilen sich auf in Dreiergruppen. Die mittlere Person ist immer das »Kind«, links und rechts sind »Vater« und »Mutter«. Die Eltern bekommen auf einem Zettel je eine konträre Anweisung, die sie an das Kind weitergeben müssen, ohne um die Widersprüchlichkeit ihrer Intentionen zu wissen. Sie sollen sich aber mit ihrer Aufforderung bei dem Kind durchsetzen. Z.B. hat die Mutter die Karte mit der Aufforderung »Bleib bei mir sitzen« und der Vater die Karte mit »Steh auf und geh zur Toilette«; oder der eine Elternteil sollte die Aufforderung durchsetzen »Nimm den Stift und male« und der andere »Laß den Stift liegen.«

Es ist jedesmal beeindruckend zu beobachten, wie kultivierte Erwachsene in der Rolle des Kindes hyperaktiv werden. Stets kommen ungerichtete, in der Desorientierung (in der Zwiespältigkeit des erzieherischen Verhaltens) ungesteuerte Bewegungen zustande, die zusehends vergröbern und in ein Chaos münden. Mancher so Manipulierte, Malträtierte, wählte den dritten Weg als Ausweg. Ein Vater nahm beispielsweise einen naheliegenden Ball und tippte ihn unentwegt. Ein anderer schrie plötzlich »Schluß jetzt mit dem Unsinn«. Ein anderer Vater, fehlgeleitet durch die widersprüchlichen Aufforderungen »Setz Dich!« »Steh auf!« kam über der Sinnlosigkeit seiner Lage so in Rage, daß er – ohne die Aufforderungen noch abzuwarten – aufstand, sich setzte, aufstand und dies als Clown fortsetzte, obwohl die Übung längst beendet war. Aus dieser stets unangenehm empfundenen Selbsterfahrung leiten die Teilnehmer die Schädlichkeit widersprüchlichen erzieherischen Handelns ab, das sie sehr häufig als Reizüberflutung empfinden. Sie erfahren am eigenen Leib die Notwendigkeit, daß Eltern sich in Erziehungsangelegenheiten unbedingt aufeinander abstimmen müssen, und sie erkennen, daß ihr Kind unnötig überreizt wird und Unruhe ausbildet, wenn der eine Elternteil »hü« der andere aber »hott« sagt.

Die Eltern erkennen in dieser Übung auch die Parallele zu den divergierenden Meinungen von Eltern, Ehepartnern, die in Spannungen oder gar in Scheidung leben, deren Kinder das Hin- und Hergerissensein dauerhaft erleben und demzufolge in eine dauerhafte Unruhe kommen. In diesen Elternseminaren reflektieren wir auch *die Situationen, in denen jeder in Unruhe gerät und kopflos wird.*

Zunächst tragen wir also Situationen zusammen, in denen sich die einzelnen Teilnehmer kopflos erleben und wir untersuchen sie dann auf ihr Gemeinsames hin und übertragen die Situation in die kindliche Erlebniswelt.

Ein Vater schildert, wie er in seinen Betrieb kommt und wie, noch ehe er den Mantel im Schrank hängen hat, ein Telefonat das andere jagt. Noch bevor er seine Antworten verdaut hat, verlangt sein Chef etwas, das er im Augenblick nicht greifbar hat und demzufolge suchen soll. Bevor er fündig geworden war, klingelt schon wieder das Telefon... Es drängt sich die

Parallele auf zu den vielen Kindern, die von Termin zu Termin – vom Ballett zum Tennis, vom Tennis in die Klavierstunde – transportiert werden und deren gesamte Freizeit auf diese Weise verplant ist, ohne daß sie Zeit zum Verdauen der einzelnen Angebote haben.

Eine Mutter erinnert sich an eine Situation im Berufsverkehr, als an der Kreuzung plötzlich die Ampeln ausgefallen waren. Noch ehe die Regel »rechts vor links« bewußt werden konnte, drängten von allen Richtungen nervöse Fahrer auf die Kreuzung, dabei ein aggressives Chaos erzeugend. So ähnlich ergeht es Kindern, wenn sie ohne Regeln und ohne Lenkung bleiben. Nur wenn ich die Regel habe, sie respektiere und voraussetzen kann, daß dies auch die anderen tun, z. B. »rechts vor links« , »aber nicht schneller als 30 km/h«, kann ich meine Freiheit in gewissen Grenzen leben, ohne mich und andere in Gefahr zu bringen. Jedenfalls komme ich schneller zum Ziel und habe mehr Genuß an meiner Aktivität (z. B. Autofahren) als in der regellosen, völlig ungeklärten Situation.

Eine andere Mutter berichtet, daß sie jedesmal »kopflos« und »hyperaktiv« wird, wenn sie in ihrer eigenen Mittagspause von 1 ½ Stunden im Schlußverkauf »nur so, um nichts zu versäumen«, in ein Kaufhaus kommt. Da wühlt sie in den Bergen von Pullis, dort im Angebot von Hosen, Jacken. – Da sieht sie wie ein Kind nach seiner Mutter sucht, dort beobachtet sie, wie ein Ehepaar sich streitet, sie fährt die Rolltreppe hinauf und wühlt im Sortiment der Gardinen... Ganz anders erlebt sie die gleiche Situation des Schlußverkaufs in ihrer Mittagspause, wenn sie mit einem bestimmten Vorhaben ins Kaufhaus geht. Z.B. möchte sie einen karierten Rock, Größe 38/40, einkaufen. Zielgerichtet fragt sie sich durch das Gewühle nach der Damenabteilung durch, schaut, wo die Röcke aufgehängt sind, schaut nach Größe 38/40 und karierten Mustern. Sie hangelt sich durch das Gewühle des Schlußverkaufs in einer bestimmten Richtung, indem sie stets zwischen für sie Wesentlichem und für sie Unwesentlichem in ihrer Wahrnehmung unterscheidet. Mit diesen und ähnlichen Übungen versuchen wir die Eltern dafür zu sensibilisieren, warum ihre Kinder hyperaktiv geworden sein könnten.

- Jeder Mensch wird hyperaktiv, wenn er nicht mehr Zeit hat, das Erlebte zu verarbeiten, wenn Zeitdruck ihm nicht mehr erlaubt, tiefer in die Dinge einzudringen, echtes Interesse zu entfalten.
- Jeder Mensch wird hyperaktiv, wenn er ohne Regeln sich durchsetzen muß.
- Jeder Mensch wird hyperaktiv, wenn er ohne Ziel einer Vielfalt von Wahrnehmungen ausgeliefert ist und nicht mehr Wichtiges von Unwichtigem trennen kann.

Den Eltern leuchtet ein, daß hyperaktives Verhalten immer einen Streß anzeigt und daß dieser abgemildert werden kann, wenn die von außen und innen kommende Reizüberflutung durch Regeln geordnet wird.

Regeln im Alltag

Der Mensch ist ein soziales Wesen und strebt danach, ein Mitmensch zu sein. Ein ungestörtes Zusammenleben setzt Regeln und deren Beachtung und Einhaltung voraus. Regeln im Alltag sind daher für alle wichtig.

Für das hyperaktive Kind, das infolge seiner inneren Unruhe die von außen einstürmenden Reize und Eindrücke nicht ordnen kann, sind Regeln im Alltag lebenswichtig, ja überlebens-not-wendig. Einer an Regeln orientierten Erziehung kommt in bezug auf das hyperaktive Kind die Bedeutung eines therapeutischen Auftrags gleich. Eine Systematisierung des Lebens, Erlebens und Zusammenlebens bedeutet dem labilen Kind die Sicherheit.

Das Leben, Erleben und Zusammenleben spielt sich in den Dimensionen von Raum und Zeit ab. Diesem Gesetz ist sowohl die Außen- wie auch die Innenwelt des Menschen unterworfen. Daraus leitet sich ab, daß insbesondere für das hyperaktive Kind in der Außen- und Innenwelt eine an Raum und Zeit orientierte Struktur eingeführt wird. Im weitesten Sinn handelt es sich dabei um das Erleben von Rhythmus.

Rhythmus vermittelt dem labilen, hyperaktiven Kind Sicherheit. Er hilft seine Aufmerksamkeit auf künftig Eintreffendes zu richten. Weil im Rahmen des Rhythmus Vorausgedachtes zuverlässig eintrifft, entsteht Sicherheit, und es lohnt sich für das Kind, zu warten.

Das hyperaktive Kind kann sich beruhigen, wenn es im Außen und Innen den Durchblick erworben hat, d. h. wenn es in beiden Bereichen Verläßlichkeiten vorfindet.

Wenn wir hier zwischen Außen- und Innenwelt trennen, so nur aus didaktischen Gründen. Selbstverständlich gehen wir davon aus, daß Umwelt und inneres Erleben stets in einer Wechselwirkung stehen. An der Nahtstelle zwischen Außen- und Innenwelt stehen *die Eltern in ihrer Funktion als Vorbild.* Sie leben dem Kind vor, wie es sich in der Außenwelt verhalten soll. Sie leben vor, wie sie selbst mit den Eindrücken der Außenwelt umgehen, und sie leben dem Kind vor, wie sie die Strukturen der Außenwelt mitprägen, aber auch sich in sie hineinfinden, und wie sie mit ihren Lebensenergien umgehen. Sie geben dem Kind das Vorbild, wie und wann es aktiv sein, wie und wann es ruhen kann.

Die Außenwelt

Dabei geht es um die Gestaltung des äußeren Rahmens für das Kind. Bei der Aufzählung der Empfehlungen wollen wir uns von der »großen Welt« auf die »kleine Welt« des Kindes zu bewegen.

Zeitliche Strukturen

Der *Jahresablauf* ist eine der grundlegenden Ordnungen, die dem Kind nachvollziehbar gemacht werden muß und das um so mehr, als im heutigen Lebensstil die Markierungen verwischt sind (man kann auch im Winter Trauben kaufen und auf Teneriffa im Winter in der Sommersonne liegen). Es ist wichtig, das Kind durch das Jahr zu begleiten und ihm das Typische der Jahreszeiten erlebbar zu machen: Erdbeerpflücken und Backen eines Erdbeerkuchens im Juni, Sammeln von Brombeeren im August, Warten auf den ersten Schnee, um einen Schneemann zu bauen. Religiös eingebundene Familien haben es durch die stetige Wiederholung der Feste leicht, den Jahresablauf zuverlässig zu strukturieren. An der Vorbereitung der Feste kann das Kind aktiv beteiligt werden, auch in dem Sinne, daß sein sensomotorisches Erleben aktiviert wird. Es kann helfen beim Einkaufen, Gewürze auswählen (und riechen), helfen beim Backen und Abschmecken. Die Vorbereitung des Festes hat ein Ziel und das Ziel – das Fest selber – ist der erlebbare Höhepunkt für den es sich lohnte, alle Kräfte zu sammeln. An der Art, wie das Fest gefeiert wird, kann das Kind die zeitlichen Ordnungen ablesen. Ostern hat einen anderen Charakter als Weihnachten. Es erwartet und freut sich auf das Andersartige.

Daß das Feiern der Geburtstage der Familienmitglieder zu den Höhepunkten im Jahresablauf gehören sollte, versteht sich von selbst. Auf seinen eigenen Geburtstag lebt auch das hyperaktive Kind zu, und es ist sicher gerne bereit, an den Vorbereitungen für sein Fest mitzuhelfen und sich Gedanken zu machen, wie sein Fest gestaltet werden könnte.

Selbstverständlich ist aber gerade das hyperaktive Kind dabei auf die Lenkung und bei der Durchführung des Festes auf den Beistand des Erwachsenen angewiesen. Auch die Geburtstage anderer Familienmitglieder können in angemessener Form vom hyperaktiven Kind vorbereitet und mitgestaltet werden. Es kann ein Geschenk anfertigen, es kann den Geburtstagskuchen backen…

Als aktiver Mitgestalter soll sich das Kind erleben bei den Vorbereitungen, beispielsweise eines Sommerurlaubs und im Urlaub selbst: Es darf das Holz für das Lagerfeuer richten. Es darf seinen Rucksack selber packen, damit der Rucksack sich leichter trägt. Abwechselnd mit den anderen Geschwistern darf es festlegen, wo gerastet und wie die Rast verbracht wird usw.

Langweilige Schulferien sind für das hyperaktive Kind Gift. Sie treiben es geradezu in hyperaktives Verhalten, wenn sie nicht für und mit dem Kind zusammen strukturiert und zum Erlebnis gestaltet werden. Deswegen ist rechtzeitig dafür zu sorgen und mit dem Kind im Einklang mit seinen Interessen vorzuplanen, was es in seinen Ferien aktiv machen kann.

Daß das Kind auch den *Wochenablauf* strukturieren kann, hat zur Voraussetzung, daß auch die Eltern einen bestimmten Gewohnheitsrhythmus in die Woche tragen, z. B. ins Hallenbad geht die Familie am Dienstag, zum Großeinkauf am Donnerstag, am Samstag wird die Oma besucht und der Sonntag wird jedesmal feierlich erlebt.

Der *Tagesablauf* ist die allerwichtigste Orientierungshilfe für das Kind, weil es – und das hyperaktive Kind ganz besonders – die Zeit noch »kurzatmig« wahrnimmt. Der Tagesablauf sollte für das Kind erkennbar gegliedert sein, und regelmäßige Mahlzeiten sind dafür eine Hilfe. Wenn ein Kind im Vorschulalter das Müsli zum Frühstück und Mittagessen bekommt, verschmelzen ihm u. U. die beiden Tageszeiten: Die Aktivitäten des Kindes sollten einen festen Platz im Tagesablauf haben – ebenso wie seine Ruhezeiten: Am Vormittag Kindergarten oder Schule, vor dem Mittagessen Austoben im Garten, am Nachmittag Spiele mit den Nachbarskindern, am besten in Absprache mit den Nachbarsfamilien zu festgesetzten und begrenzten Zeiten, und je nach den Bedürfnissen der Nachbarn müßte das Kind auch deren Wunsch auf einen Mittagsschlaf respektieren können. Pflegen lieber Gewohnheiten am Abend, geregelte Zeiten des Zubettgehens... Die Markierungen im Tagesablauf und der Tagesablauf selbst werden durch Regeln gesichert.

Es wäre schön, wenn in dem Tagesablauf auch Zeiten des erlebten Rhythmus ihren festen Platz haben könnten. Dazu eignet sich z. B. die Morgengymnastik, regelmäßiges Musizieren, bei dem die Kinder je nach Alter und ihrem Können einbezogen werden: Klatschen zum gemeinsam gesungenen Lied, Spielen eines einfachen Rhythmus-Instruments (Triangel, Tamburin, Klopfen mit dem Teelöffel gegen ein Glas, Streichen mit dem Schneebesen über einen Kochtopf...) zur Begleitung des Vaters, der zur Gitarre singt... Mitflöten, Mitspielen, Mittanzen... ja, Mittanzen!

Anregungen dafür, wie man Rhythmus für ein Kind erlebbar machen könnte, wollen wir auf den Seiten 106 ff (s. auch S. 85 ff) geben.

Örtliche Strukturen

Mancher Hyperaktive wird in seine Hyperaktivität verstrickt durch eine unübersichtliche Überfülle der Dinge in seiner nächsten Umgebung. Er wird durch die Vielfalt abgelenkt. Er verzichtet auf die Zielgerichtetheit seines Handelns, wenn er ein Ding in dem Durcheinander nicht sofort findet. Deshalb ist Übersichtlichkeit im äußeren und Ordnung in den Dingen für den Hyperaktiven eine der allergrößten Hilfen. Das bedeutet, daß man auf das im Augenblick Unwichtige verzichtet und es wegräumt. Für den Hyperaktiven sollte jedes Ding seinen Ort haben. Dabei kommt es gar nicht darauf an, daß die Dinge perfekt aufgestapelt oder aufgereiht sind. Es kommt vielmehr darauf an, daß man blindlings hingreifen und das Richtige ergreifen kann. So wie jedes Ding in der bestehenden Welt des Hyperaktiven seinen bekannten Ort haben sollte, so sollte auch jeder Mensch darin seinen Ort haben, jeder seinen Platz am Eßtisch, jeder sein Bett. Es sollte für den Hyperaktiven Orte des Ruhens und solche des freien Herumtobens geben. Das Recht auf einen Ort muß in der Familie gegenseitig geachtet werden so wie auch der persönliche Besitz.

Allgemeine Regeln und Rituale

Regeln vermitteln Sicherheit und sichern Zusammenleben und Beziehungen. Sie sorgen dafür, daß die Lebensenergien der Beteiligten nicht unnötig aufeinanderprallen, nicht zerfließen und verlorengehen, nicht vergiftet werden, sondern harmonisch aufeinander bezogen und sinnvoll gerichtet sein können.

Die wichtigste Regel ist: Auf den ersten Anruf reagieren! Damit ist nicht gemeint, daß man sofort gelaufen kommt, aber es ist auf alle Fälle gemeint, daß man zu erkennen gibt, man hat den Ruf gehört! (Die Verpflichtung, auf den ersten Anruf zu reagieren, sollten Eltern und Kinder gleichermaßen empfinden – das ist Ausdruck gegenseitiger Achtung.)

Eine Regel könnte sein: Jeder in der Familie, auch das hyperaktive Kind, hat ein Amt. Am ehesten kann das hyperaktive Kind sein Amt ausfüllen, wenn ihm an der Tätigkeit selbst gelegen ist. Z.B. liebt es den Kanarienvogel der Familie und hat sich unter Anregung der Eltern dazu entschieden, für ihn täglich zu sorgen. Das bedeutet, daß es beim Großeinkauf der Familie am Donnerstag daran denkt, rechtzeitig für Futternachschub zu sorgen, damit es tatsächlich seinem Vogel tagtäglich Futter geben kann.

Eine Regel ist: Vor dem Essen Händewaschen nicht vergessen!

Eine andere: Beim Gähnen und Husten Hände vor den Mund!

Eine für die ganze Familie geltende Regel dürfte sein: Man wartet mit dem Essen, bis alle am Tisch sitzen und allen aufgelegt worden war, und niemand verläßt den Tisch, bis die Mahlzeit von allen beendet worden ist!

Vor dem Einschlafen gilt die Regel: Duschen, Zähneputzen, Schlafanzug an, ins Bett und nicht mehr aufstehen!

Zu allen Zeiten hat sich die Menschheit, um ein ungestörtes Zusammenleben zu sichern, Regeln ausdenken müssen. Regeln tragen in sich die Gefahr der Erstarrung. Um sie lebendig aufrechterhalten zu können, schmückte man sie mit *Ritualen* aus. Regeln vermitteln Sicherheit, Rituale das Eingebettetsein in eine Gemeinschaft und damit Geborgenheit. Regeln und Rituale unterscheiden sich nur wenig, aber entscheidend. Regeln kann man ohne Nachdenken befolgen. Rituale fordern zur Besinnung auf. Ihren meditativen Charakter unterstrich man von jeher dadurch, daß in ihnen der Umgang mit dem Licht (Kerze!) und rhythmisch gesprochene Sprache (Verschen) eine Rolle spielen.

Daß sich alle an den Tisch setzen, ist eine Regel, daß man dann eine Kerze anzündet, ist ein Ritual, und daß die Kerze der hyperaktive Jochen anzünden darf, ist seine ihn erfreuende Pflicht. Und die Aufgabe der anderen könnte sein, bei diesem Zeremoniell zu schweigen, bis die Kerze ruhig brennt. Für ein hyperaktives Kind wäre es auch eine gute Konzentrationsübung, wenn die von ihm entfachte Kerze im Kreise der Familie von Hand zu Hand wortlos herumgereicht wird, solange bis sich der Kreis wieder geschlossen hat.

Oder: Daß man nach dem Zubettgehen nicht mehr aufsteht, ist eine Regel. Daß man nach dem Zubettgehen die Mutter rufen kann und diese antwortet und kommt, um noch ein bestimmtes Liebkosespiel zu spielen, ist ein Ritual.

Rituale zielen eben immer ins Herz! Aber auch Rituale können erstarren ebenso wie Regeln und Tradition erstarren, wenn sie schematisch werden und die schöpferische Variation des Augenblicks nicht mehr möglich ist. Die Gefahr des Erstarrens besteht weniger, wenn die Ordnungsstruktur einen Sinn hat. Im Gegenteil: Sie wird gerade durch den Sinn mit Leben gefüllt.

Nur dadurch, daß das zu erreichende Ziel einen Sinn in sich trägt, wird die Motivation zur Aufmerksamkeit und zum Durchhalten gezündet. Das Einhalten der Ordnungsstruktur wird nur dadurch dynamisch gehalten, daß man sich mit dem angestrebten Ziel identifizieren kann. Wenn der kleine hyperaktive Bub die Regel einhalten soll, am Sonntag die Eltern eine Stunde ruhen zu lassen, dann gewinnt er die Motivation dazu nur, wenn er sich darauf verlassen kann, daß der Vater durch sein ruhiges Verhalten gut ausgeruht ist und daher gut gelaunt Lust hat, mit ihm nach der Mittagsruhe zu spielen.

Manchen Eltern ist es nicht angenehm mit Regeln zu leben. Sie streben in ihrem privaten Rahmen größere Freiheiten an. Sie können sich das erlauben, wenn sie und ihre Kinder so in sich ruhen, daß sie unter allen Umständen die Ruhe und den Durchblick bewahren können. Das hyperaktive, labile, konzentrationsgestörte Kind geht aber in ungeordneten Umständen unter. Ihm zuliebe sollten die Eltern ihre freiheitlich orientierten Prinzipien aufgeben, solange sie dem gefährdeten Kind schaden.

Die Innenwelt

Eine Verinnerlichung von Regeln kann das Kind nicht unter Tadel leisten, und das hyperaktive Kind schon gar nicht. Ermahnungen, Tadel, Strafen stiften immer Unzufriedenheit mit sich selbst und anderen, bedeuten Streß und stiften und verstärken so die Unruhe. Sie können nur im Kontrast zu Lob und Anerkennung angewandt werden, sofern diese überwiegen. Nur die *Freude und das Gefühl des Angenommenseins bewirken die Bereitschaft zur Verinnerlichung.*

Damit das Kind weiß, was von ihm erwartet wird, braucht es sowohl klare Anweisungen wie klare Reaktionen von dem Erwachsenen. Ein »Ja« muß ein »Ja« sein und ein »Nein« ein »Nein«!

Ein »J-ein« kann das Kind nicht einordnen. Weil bei einem »J-ein« das Kind weder weiß, woran es ist, noch was von ihm verlangt ist, verhält es sich auf Kosten der Sicherheit unschlüssig.

Um Sicherheit zurückzuerlangen, muß es die Grenzen von »Ja« und »Nein« ausloten. Das mündet immer in einen Machtkampf zwischen Kind und Eltern und bedeutet Streß für Kind *und* Eltern.

Eindeutigkeit im erzieherischen (äußeren) Umgang gibt dem Kind den Halt im Inneren. Je beglückender dieser erlebt wird, desto mehr stärkt es das Selbstwertempfinden und damit die Selbstbejahung des Kindes, seine Bereitschaft, in sich dauerhaft zu ruhen und die ihm vermittelten Werte zu eigenen Maßstäben werden zu lassen.

Der Verinnerlichung folgen Werte, die für den Hyperaktiven besonders wichtig sind:

Achtung vor Menschen, Natur und Dingen: Diese Haltung lernt das Kind am Vorbild seiner Eltern kennen. Z.B. sieht das Kind, daß seine Eltern den Großvater aussprechen lassen oder es sieht, daß man das Brot nicht einfach austrocknen läßt, sondern es vielmehr in einem Tuch oder Brotkasten davor schützt. Das Vorbild allein genügt aber nicht, um Achtung als Wert zu verinnerlichen. Dazu muß das Kind Einsicht bekommen, d.h. es muß wissen, daß der Großvater schwerhörig ist und daß er sich schwer tut, Gedanken zu formulieren. Es muß wissen – besser noch – mit eigenem Leib erfahren haben, wie langwierig der Prozeß des »Brotwerdens« ist. Es muß wissen, wie lange es dauert und welche Pflege es verlangt, bis das Korn reif wurde und was notwendig ist, bis es zu Mehl wurde... Es müßte aber auch wissen, was es bedeutet, das Brot nicht zu haben und damit Hunger aushalten zu müssen.

Erst aus diesen Erkenntnissen erwächst **Verantwortung**.

Im Alltag des Kindes bedeutet dies, daß es vor allem lernt, seine eigenen Kräfte nicht zu vergeuden und die Kräfte der anderen nicht unnötig zu verbrauchen. Es soll vielmehr lernen, den anderen zu unterstützen und für den Schwächeren zu sorgen. In diesem Zusammenhang ist es für das hyperaktive Kind von Vorteil, wenn es jüngere Geschwister hat, die Oma umsorgen oder für ein Haustier die Verantwortung tragen kann. Verantwortung für sich selber zu tragen, bedeutet für das hyperaktive Kind wirklich seine Kräfte nicht zu vergeuden und sie so einzuteilen, daß sie auf das Ziel gerichtet bleiben und ausreichend eine begonnene Tätigkeit zu Ende zu führen.

Verantwortung für die Dinge bedeutet, daß stets zurückgeräumt wird, was ausgeräumt wurde, sofern es nicht weiter gebraucht wird. Das hyperaktive Kind sollte in diesem Sinn Verantwortung fühlen, für seine Dinge, sein Zimmer, seinen Schulranzen...

Rücksicht

Diesen Wert zu verinnerlichen fällt dem Hyperaktiven besonders schwer, weil er für ihn der abstrakteste ist. Er kann weder nach »rückwärts sichten« noch vorausschauen. Er ist ja ganz und gar dem Augenblick ausgeliefert. Aber eine Hilfe bei der Einübung von Rücksichtnahme sind unsere *Höflichkeitsregeln*. Deshalb soll das hyperaktive Kind an Höflichkeitsregeln orientiert erzogen werden: Bevor man nach etwas greift, was einem nicht gehört, fragt man, ob man es darf. Bevor man in der großen Runde spricht, bittet man um Erlaubnis. »Darf ich etwas sagen?«

Zeremonielle der Begrüßung haben grundsätzlich die Bedeutung von Ordnungsstrukturen, und deshalb helfen sie dem hyperaktiven Kind, die Situation zu überblicken (strukturieren und einzuordnen). Es lernt aber auch, durch sie persönliche Beziehungen zu strukturieren und zu ordnen (immer wieder erleben wir in der Sprechstunde, daß gerade dies von den Eltern unterschätzt wird). Auch Bitten und Danken werden im Rahmen der Höflichkeit erlernt, bevor sie als Werte verinnerlicht werden und die Grundlage für eine bewußte Haltung bilden.

Zielgerichtete Aktivitäten

Spiel, Sport, Haushalt und Handwerk, Musisches

Beim Durchgehen der von Kiphard gegebenen Auflistung der Störungen bei Hyperaktivität ergeben sich für das hyperaktive Kind folgende Förderziele:

Selbstkontrolle über die Körperlage und die Bewegungen sowie bewußtes Vermeiden unnötiger Bewegungen und Wartenlernen

Anpassung (der Reaktion, der Kraftdosierung, des Tempos, der Bewegungsproduktion an bestimmte Tätigkeiten), Geschicklichkeit

Einhalten von Rhythmus bis hin zur Verautomatisierung bei Bewegungsfolgen

Konzentration

Ausdauer

Umgang mit Enttäuschung

Einhalten von Regeln

Diese Förderziele können über verschiedene Wege verfolgt werden. Es ist einerlei, ob man mit dem Kind mehr spielt, Sport treibt, arbeitet, oder ob man es mehr zu musischen Aktivitäten anleitet. Man sollte sich da durchaus nach den Begabungen und Neigungen seines Kindes richten. Das darf aber nicht bedeuten, daß die Aktivitäten vom Kind allein ausgewählt und die Dauer der Ausübung vom hyperaktiven Kind bestimmt wird. Seiner impulsiven unsteten Art darf man dies nicht überlassen. Tut man es doch, so läuft man Gefahr die Hyperaktivität zu verstärken. Gerade das hyperaktive Kind neigt ja dazu, bei der ersten Enttäuschung in die nächste Aktivität zu flüchten. Das labile Kind braucht die Führung und Lenkung eines Begleiters, der den Durchblick hat und behalten kann, der ihm den Halt gibt und ihm das Durchhalten ermöglicht, auch die Enttäuschungen ertragen und überwinden hilft. Eben weil beim hyperaktiven Kind seine vielfältigen Bemühungen aufgrund seiner überschüssigen und wegen der häufig bestehenden zerebralen Dysfunktion ungeschickten Art nicht immer zu dem erwünschten bewunderungswürdigen Resultat führen können und Enttäuschungen und Versagensgefühle vorprogrammiert sind, empfiehlt sich dringend, *das Kind mehr für seine Bemühungen* – für die sog. Aufgabenbereitschaft oder Arbeitshaltung als solche – *als für das Werk zu loben.*

Wenn wir hier versuchen Ratschläge zu geben, so erheben wir keinen Anspruch auf deren Vollständigkeit. Wir sind auch nicht der Meinung, daß es sich dabei um rein therapeutische Tätigkeiten handelt. Die therapeutische Bedeutung gewinnen diese Tätigkeiten nur dadurch, daß sie in einem heilpädagogischen bzw. therapeutischen Konzept eingebettet sind. Bei der Fülle der Möglichkeiten *müssen* wir uns auf einige Tips beschränken. Jeder mag auf seine Weise unsere Tips bereichern. Wir haben hier solche Tätigkeiten und Spiele ausgewählt, die man zu Hause ohne spezielle Anleitung eines Therapeuten mit dem Kind ausführen kann. Wenn wir – aus didaktischen Gründen – eine bestimmte Tätigkeit mit einem bestimmten Förderziel hier aufführen, so heißt das nicht, daß sie nur zu einem Förderziel hin gerichtet ist. Es werden meist mehrere Förderbereiche mit einer Tätigkeit berührt. Letztlich handelt es sich bei allem, was das Kind tut (tun kann), um ein ganzheitliches Erleben. Das kann besonders augenfällig beim kleinen Kind nachvollzogen werden. Je jünger das Kind, um so eher überschneiden sich die verschiedenen Erlebnisbereiche, um so weniger sind Spiel, Sport, Arbeit und musisches Erleben zu trennen. Beim rhythmischen Wiegen und Trösten eines im Arm gehaltenen Kleinkinds – aber auch bei dem allseits bekannten (und auch von uns schon erwähnten) uralten Hoppe-hoppe-Reiter-Spiel erlebt das Kind die Einheit der aufgezählten Bereiche. Deshalb ist die Therapie im Kleinstkindalter gleichbedeutend mit den Empfehlungen zur Vorbeugung der Hyperaktivität. Es sind in diesem Kapitel von uns sehr bewußt Empfehlungen einer Frühförderung ausgesprochen worden. Wenn das Kind tatsächlich hyperaktiv ist, sollte aber auf die Begleitung eines Therapeuten nicht verzichtet werden. Zum einen, weil die real bestehende Hyperaktivität die Beziehungen in der Familie in Mitleidenschaft zieht und zum anderen, weil die Ursache der Hyperaktivität in jedem Fall diagnostisch abgeklärt werden sollte, damit gezielte therapeutische Maßnahmen rechtzeitig einsetzen können.

Je älter das Kind ist – um so differenzierter müssen die therapeutischen Aktivitäten sein und um so mehr müssen sie aufeinander und auf die bestehende Schwäche des Kindes abgestimmt werden.

Ein ganz *wichtiger Hinweis:* Bevor man die konzentrierte (also zentripetal) gerichtete Tätigkeit vom Kind erwartet, muß es die überschäumenden (zentrifugal gerichteten) Kräfte ableiten! Bevor man von dem Kind erwartet, am Tisch still sitzend zu arbeiten, erst 10 Purzelbäume schlagen oder im Matschraum, auf der Wiese, im Schnee, mit Lust austoben lassen...!

- **Selbstkontrolle** über die Körperlage und die Bewegungen sowie bewußtes Vermeiden unnötiger Bewegungen und Wartenlernen:

A. *Spiele*

Das Spiel der lebenden Standbilder:
Einer von der Gruppe ist der »Bildhauer«. Dieser gibt der Reihe nach, einem nach dem anderen die Hand oder schleudert ihn im Kreis herum. Auf den Pfiff des »Spielleiters« muß er sein »Werk« loslassen. Das »Werk« darf aber noch solange weiterkreiseln bis der nächste Pfiff des Spielleiters ertönt. Dann steht es gänzlich still, aber der »Bildhauer« darf ihn noch zu einer Figur seiner Vorstellung ausformen (z. B. Kopf drehen, Arm anheben usw.). Alle Kinder der Gruppe werden auf die gleiche Weise ausgeformt und bleiben in der ihnen gegebenen Form – zu Standbildern erstarrt – ganz still stehen. Jetzt kommt der Spielleiter, und er verhandelt mit dem Bildhauer um ein Standbild. Begehrenswert ist eines, das sich zwar bewegen läßt, aber sich selbst niemals bewegt. Ist es gefunden, darf es als nächstes die Rolle des Spielleiters übernehmen und der Spielleiter wird nun der »Bildhauer«.

Das Spiel mit dem Zack-Zack:
Einer ist der »Zack-Zack«. Er verteidigt den »heiligen Ort«. Ein Kind, das zum »heiligen Ort« vordringen und die Zauberworte »Zack-Zack« aussprechen und dreimal auf den »heiligen Ort« klopfen oder klatschen kann, ohne vom »Zack-Zack« daran gehindert zu werden, hat das Heiligtum und somit die Welt gewonnen. Der »Zack-Zack« muß abtreten und wird durch den »Helden« ersetzt. Die Schwierigkeit zum »heiligen Ort« zu gelangen, besteht darin, daß man vom »Zack-Zack« unbemerkt (ungesehen) dorthin gelangen muß. Das setzt voraus, daß man sich geschickt verbergen und im »Versteck« unbemerkt und leise verhalten kann. Das Recht des »Zack-Zack« ist, denjenigen, den er bemerkt, durch sein Zauberwort »Zack-Zack« aus dem Spiel zu verbannen.

Das *»Blinde-Kuh-Spiel«*

B. *Sport:* Geeignet sind alle Geräteübungen, insbesondere die am Barren, aber auch Bogenschießen und die Startsituation vor jedem Wettlauf, über einen Balken oder einen Baumstamm balancieren...

C. *Handarbeit und Handwerk:* Alle Klebe- und Verleimungsarbeiten. Alle Arbeiten, die das Stehen auf der Leiter erfordern. Bestreuen von Weihnachtsplätzchen – von Plätzchen zu Plätzchen in einer Reihe fortschreitend mit Zucker oder Nüssen.

D. *Musisches:* Alle Ausmalarbeiten – beim Musizieren beispielsweise Anfang, Pausen und Ende dem Dirigenten abnehmen...

- **Anpassung** der Reaktion, der Kraftdosierung, des Tempos, der Bewegungsproduktion **an bestimmte Tätigkeiten, Geschicklichkeit:**

A. Alle *Spiele*, bei denen es um Geschicklichkeit geht, z. B. das im Kreise-Herumreichen einer auf die Nase gesteckten Streichholzschachtelhülle, einer Orange, eines Apfels, die zwischen Kinn und Brust gehalten werden, einen Luftballon blasenderweise in der Luft zu halten und einem bestimmten Spielpartner zuzuspielen... Eiertragen (auf einem Löffel) oder eine mit Wasser gefüllte Tasse von einer Ecke des Zimmers in die andere zu tragen, das MIKADO-Spiel.

B. *Sport:* Basketballspiel, Judo, Karate, aber auch Reiten.

C. *Handarbeit:* Teigausrollen, Ausstechen, mit Eigelb bestreichen, Ausschneidearbeiten, Töpfern.

D. *Musisches:* Modellieren, in der Gruppe pianissimo und fortissimo zu musizieren. Pantomimisch verschiedene Tiere darzustellen: Den Schmetterling und den Bär und den Elefanten...

- **Einhalten von Rhythmus** bis hin zur Verautomatisierung von Bewegungsfolgen:

A. *Spiele:* Alle Abzählreime, Sackhüpfen vom Start zum Ziel, durch Hindernisse kriechen.

B. *Sport:* Schwimmen, Dreirad-, Fahrradfahren...

C. *Handarbeit:* Unter Ausschalten von technischen Hilfen Saucen oder Teig rühren, Sahne schlagen, Kaffee mahlen, spinnen oder Wolle wickeln, Holz sägen.

D. *Musisches:* Alles Musizieren, alles Tanzen!

- **Konzentration:**

A. *Durch Spiele:*
Das Spiel vom Kofferpacken: »Ich reise nach Kalkutta (Amerika) zum Onkel Franz, packe meinen Koffer und nehme meine Zahnbür-

ste mit.« Der nächste Spielteilnehmer wiederholt und nimmt noch ein Ding dazu: »Ich reise nach Kalkutta (Amerika) zum Onkel Franz, packe meinen Koffer, nehme meine Zahnbürste und nehme meine Strickjacke mit.« Der nächste Spielteilnehmer wiederholt und nimmt noch ein weiteres Ding dazu usw. ...

Die Reise nach Jerusalem: Das Spiel besteht darin, daß stets ein Stuhl weniger vorhanden ist als Spielteilnehmer sind. Man geht im Kreis und einer singt, klatscht bzw. schlägt das Tamburin oder man hört Musik von einem Plattenspieler... Wenn die Musik aufhört, müssen sich alle schnell einen Stuhl suchen. Derjenige, der keinen mehr erwischt, scheidet aus und mit ihm ein Stuhl. Einer singt, klatscht bzw. schlägt das Tamburin usw.

Mit geschlossenen (verbundenen) Augen ein Ding nach dem anderen aus dem Sack herausholen und tastend erkennen, um was es sich dabei handelt und alle anderen *Spiele mit verbundenen Augen.*

B. *Sport:* Alles Springen über Hindernisse, alles Zielen auf ein Ziel (mit dem Ball eine Büchsenpyramide zum Einstürzen bringen...).

C. *Handarbeit:* Eingießen ohne zu verschütten... ein volles Tablett tragen... alles Handwerkliche...

D. *Musisches:* Eigentlich alle musischen Tätigkeiten – insbesondere am Anfang, bevor die Verautomatisation der Bewegungen eingetreten ist: Man muß beim Tanzen solange kontinuierlich mitdenken, bis der Tanzschritt in Fleisch und Blut übergegangen ist...

Ausdauer:

A. Alle *Spiele*, an denen mehrere beteiligt sind. Man muß warten bis man an der Reihe ist und bis alle an der Reihe waren.
Beispiel:
Das Spiel *»Modenschau«*: In der Mitte der Gruppe befindet sich ein Berg alter Kleider, Hüte, Schuhe und andere Gegenstände, die man im weitesten Sinn anziehen kann. Einer nach dem anderen darf sich nun nach eigenen Vorstellungen »modisch« kleiden, und erst, wenn alle verkleidet sind, ist das Spiel beendet...

B. *Sport:* Alle Konditionsübungen, aber auch Wanderungen, Fahrradausflüge mit der Familie...

C. *Handarbeit:* Obstpflücken, Gemüseputzen (Kartoffeln schälen) alles im Bereich des handwerklichen Tuns zu Ende führen...

D. *Musisches:* Ohne Fleiß kein Preis!
Wer wirklich musizieren, malen, tanzen usw. erlernen will, darf nicht erlahmen, sondern muß durchhalten... Nicht nur Lust und Begabung, sondern auch Mühsal bestimmt den Erfolg der Bemühungen.

Enttäuschung:

A. *Spiele:* Z.B. das »Mensch-ärgere-dich-nicht«-Spiel, aber auch jedes andere Regel- und Gesellschaftsspiel.

B. *Sport:* Man muß nicht immer der Erste sein und eine Urkunde nach Hause bringen. Mehr zählt, daß man dabei war.

C. *Handarbeit:* Wie bereits erwähnt: Es zählt die Bemühung mehr als das Werk und es fällt kein »Gelernter« vom Himmel. Was man als Begabung nicht zur Verfügung hat, muß man durch stetiges Bemühen versuchen zu überwinden.
Dabei muß der Erwachsene abschätzen, was das Kind real erreichen kann. Wenn seine Bemühungen zu nichts führen können, so ist es besser, es in eine unreifere Stufe der Mitarbeit zu entlassen: Manchmal ist es tatsächlich für das Selbstbewußtsein des Kindes besser, wenn es nur den Hammer oder die Nägel zureicht, aber dennoch bis zum Abschluß des Werks kontinuierlich dabei war.

D. *Musisches:* Wenn das Kind tatsächlich wenig musische Begabung mitbringt (was schließlich sein kann), so zählt vor allem, daß es sich musisch weiterhin bemüht und wenigstens nicht aufgibt.

Regeln:
Zum Erlernen und Einhalten von Regeln eignen sich alle Gruppenaktivitäten. Denn ohne Regel kann eine Gruppe nicht zurechtkommen.
Regeln kann das Kind immer da einüben, wo es sich mit mehreren arrangieren muß und wo es darum geht, daß bestimmte Spielregeln eingehalten werden. Die einfachste Regel ist: *Einmal ich – einmal du.*

Vorsätze für den Tag, wenn Sie ein hyperaktives Kind haben

Hängen Sie diese Vorsätze in die Küche oder ins Bad, damit Sie schon morgens anfangen, damit zu leben.

- **Das Kind loben und es Liebe spüren lassen**
  Möglichst oft, und geben Sie sich abends Rechenschaft darüber, wie oft Sie tatsächlich gelobt haben, und werten Sie den Tag mit Ihrem Kind aus!
- **Zeit finden für das Miteinander-Ruhen**
  Nach dem Bilderbuch-Angucken oder dem gemeinsamen Mittagsschlaf das Kind – bewußt – 5 Minuten im Arm ruhen lassen, ruhig, ohne zu reden, damit es sich in Ruhe wahrnehmen kann.
- **Für Bewegung sorgen – möglichst rhythmisch geordnet und zielgerichtet**
  Z.B. Fahrradfahren, Schneeschippen, Purzelbäume schlagen, Seil- oder Hampelmann springen lassen... und insbesondere dann, wenn das Kind die ersten Zeichen von Nervosität zeigt.

Therapeutische Aktivitäten im engeren Sinn

Liebe Eltern, alle die bisher genannten Hilfen braucht jedes hyperaktive Kind, und es braucht sie in seinem Alltag und damit unbedingt und in jedem Fall in seinem Elternhaus. Es mag sein, daß es sich unter diesen Hilfen schon ordnen kann und seine Hyperaktivität überwindet. In den meisten Fällen sind aber darüber hinaus doch noch Hilfen notwendig, die Ihnen nur der Fachmann anbieten kann.

Wir setzen voraus, daß Sie für Ihr hyperaktives Kind ohnedies fachkundigen Rat schon eingeholt haben. Die Auswahl der möglichen und notwendigen Therapien sollten Sie vertrauensvoll dem erfahrenen Fachmann überlassen. Diese erkennen Sie daran, daß er nicht starr nach einem einseitigen Konzept verfährt, sondern daß er die Therapie ganz auf Ihre persönliche Situation und die ganz speziellen therapeutischen Bedürfnisse Ihres Kindes, aber auch auf die Persönlichkeit Ihres Kindes abstimmt. Er wird im Regelfall nicht nur eine einzelne Maßnahme anordnen, sondern deren mehrere kombinieren. In jedem Fall wird er aber die Elternarbeit vielfältig gestalten.

Von den wirklich sehr vielfältigen therapeutischen Möglichkeiten, die für das hyperaktive Kind in Frage kommen, können wir hier nur die wichtigsten und das heißt die am häufigsten angewandten Therapien nennen.

Grundsätzlich sind zu unterscheiden:

1. Therapeutische Hilfen, die die Persönlichkeitsentfaltung des Kindes unterstützen und seine Beziehung zu sich und anderen ordnen und die sich somit auch auf das sog. »soziale Umfeld« des hyperaktiven Kindes richten.
2. Therapeutische Hilfen, die die Bewegungsaktivität steuern und den Spannungsbogen (Aufmerksamkeit- und Konzentrationsfähigkeit) des hyperaktiven Kindes verbessern.
3. Therapeutische Hilfen, die auf biochemischem Weg (diätetisch und medikamentös) versuchen, die Hyperaktivität zu beeinflussen.

Zu 1. Hierzu gehören alle **Psychotherapieformen:**

- Festhaltetherapie
- Systemische Familientherapie
- Verhaltenstherapie
- Psychagogik

und andere

- **Festhaltetherapie:** Das prolongierte Halten des hyperaktiven Kindes in dichtem Körperkontakt ist hier nicht im Sinne eines Wahrnehmungstrainings zu verstehen, sondern vielmehr im Sinne einer Möglichkeit aversive Gefühle offen auszudrücken und damit Beziehungskonflikte aufzulösen. Der Zusatz »Therapie« besagt, daß die Anleitung und Begleitung durch einen Therapeuten unverzichtbar ist.

- **Systemische Familientherapie:** Der therapeutische Ansatz berücksichtigt nicht so sehr das spezielle Störungsbild des Kindes, arbeitet also nicht am Symptom des Kindes, sondern vor allem an der Störung der Kommunikation innerhalb der Familie. Diese kann durchaus durch das Symptom des Kindes aktualisiert worden sein, aber auch die Ursache sein für das Symptom des Kindes. Das zu behandelnde Problem wird als in dem System der Familie liegend verstanden.

- **Verhaltenstherapie:** Das Kind wird im Rahmen eines systematischen Trainingsverfahrens zu der Erkenntnis gebracht, daß es sich lohnt, Selbstkontrolle für seine Aufmerksamkeit und sein Durchhaltevermögen zu übernehmen. Die Programme stützen sich vor allem auf die Lernpsychologie. Das Endziel der Verhaltensmodifikation ist, daß das Kind von der Fremdregulation zur Selbstregulation findet.

- **Andere Psychotherapieformen** wie beispielsweise die klassische Kinderpsychotherapie, ehemals Psychagogik genannt,
  oder Psychodrama
  oder Gestalttherapie
  oder ...

Zu 2. Hierzu gehören **Krankengymnastik** auf neurophysiologischer Grundlage bzw. Unterstützung der sensomotorischen Integration nach Ayres, Bobath, Feldenkrais, Vojta...

- **Mototherapie** bzw. **Psychomotorik:** Eine Übungsbehandlung, die nicht nur das motorische Geschick und Körperbewußtsein fördert, sondern stets auch auf soziales Verhalten und Persönlichkeitsentwicklung (inklusive Selbstwertempfindung und soziale Wahrnehmung) einwirken.
- **Hierzu gehören auch Therapieformen, wie**
  Kinesiologie: Sie versucht die Zusammenarbeit zwischen linker und rechter Gehirnhälfte zu verbessern und Energieblockaden aufzuheben.
- **Heileurhythmie:** Eine ganzheitliche Therapieform auf anthroposophischer Grundlage.
- **Therapeutisches Reiten**
  Beschäftigungstherapie
  Heilpädagogik
- **Theraplay:** Eine auf psychoanalytischer Grundlage entwickelte direktive Spieltherapie für Kinder mit Entwicklungsstörungen. Unter direkter körperlicher Lenkung durch den Therapeuten wird das Kind in ein gemeinsames Spiel einbezogen, wodurch es Grenzen und Selbstvertrauen erfährt.
- **Progressive Relaxation:** Es geht darum, daß das Kind die Polarität muskulärer Anspannung/Entspannung bewußt erleben und steuern lernt. Dieses Verfahren zeigt zwar eine Verwandtschaft zum autogenen Training, jedoch wird es für das hyperaktive Kind für effektiver gehalten, weil vor der Entspannung auf Entladung des Energiepotentials geachtet wird.
- **Musiktherapie**

1

2

3

4

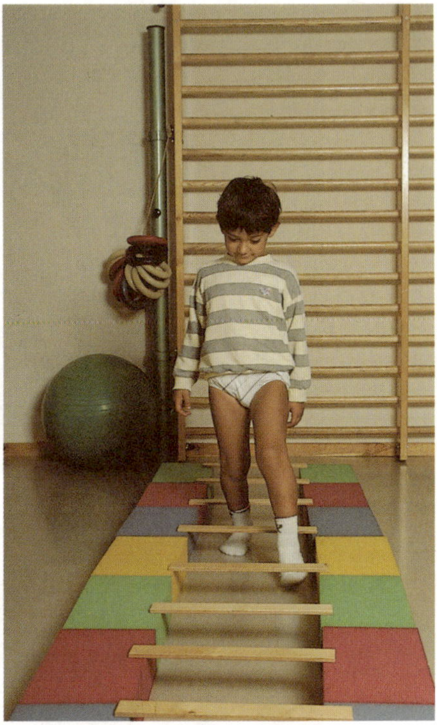

5

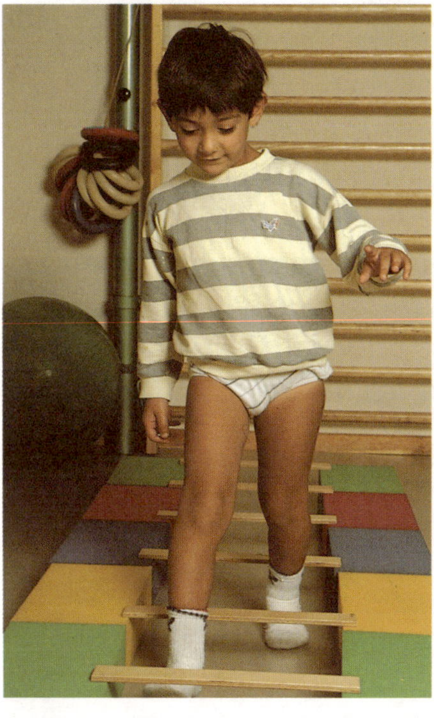

6

In der psychomotorischen Übungsbehandlung lernt das Kind seine Kräfte zu steuern, um ein bestimmtes Ziel zu erreichen. Das Ziel ist hier eine Hindernisbahn nach bestimmten Regeln aufzubauen und ohne anzustoßen sie zu durchlaufen. Dadurch wird Verschiedenes geübt: Zielgerichtetes Handeln und Durchhaltevermögen, Einhalten von Sequenzen und Regeln, Bewegungsplanung und Kraftdosierung. Das gelingt nur, wenn man auf unnötige Bewegungen verzichtet und sich konzentriert. Alle Balancierspiele und Geschicklichkeitsspiele fordern zur Anpassung an vorgegebene räumliche Verhältnisse heraus und üben infolgedessen auch Selbstwahrnehmung und Selbststeuerung.

7

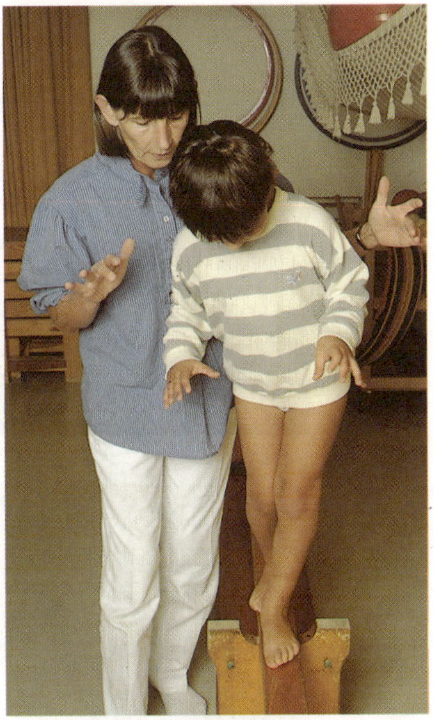
8

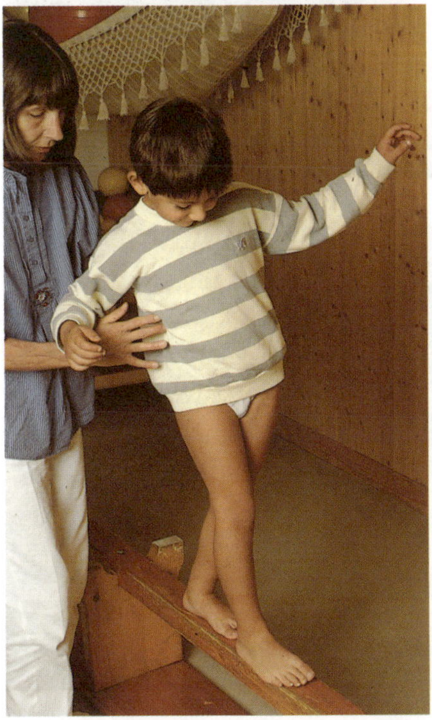
9

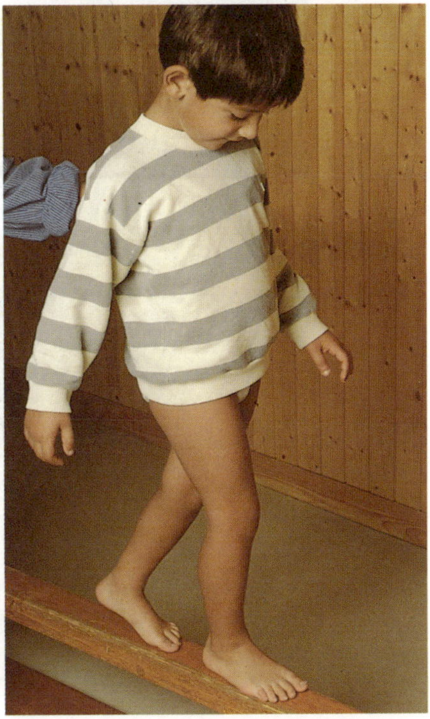
10

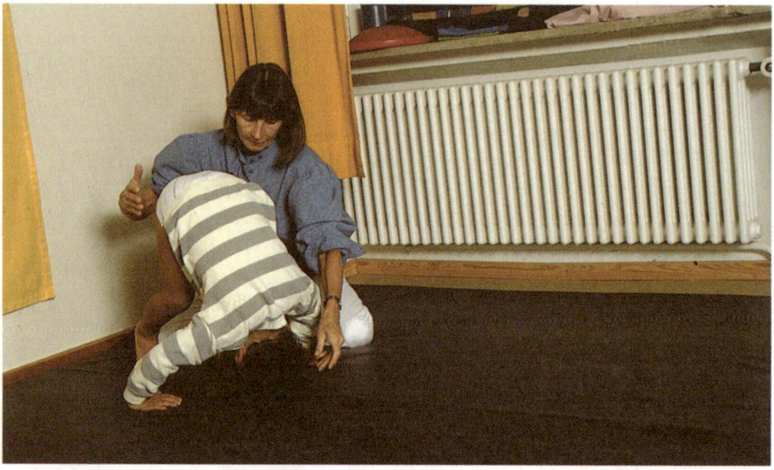
11

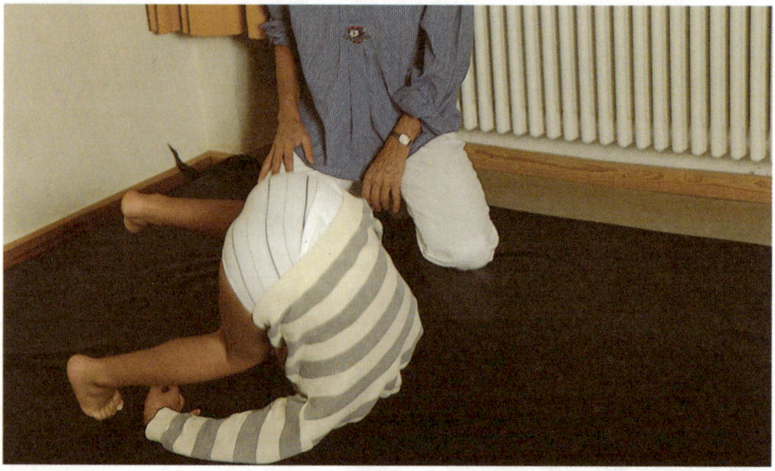
12

13

Zu 3. Hierzu gehört sowohl die Kompetenz der Verordnung einer bestimmten Diät wie auch die Kompetenz der Verordnung eines bestimmten Medikaments, die dem Arzt obliegt, der kompetenterweise den Befund Ihres Kindes erhoben hat.

Die *diätetische Ernährung* verlangt das unbedingte Einhalten von Regeln und schafft damit Ordnungsstrukturen. Bei mancher speziellen Diät dürfte gerade darin der größte Wert für das hyperaktive Kind liegen, daß es Regeln einhalten und damit Selbstbeherrschung und Selbstregulierung erlernen muß (und die Eltern mit ihm).

Der Weg *der medikamentösen Behandlung* sollte nicht vorschnell und nie isoliert gewählt werden. Die gegenwärtige Diskussion einer möglichen medikamentösen Behandlung des hyperaktiven Syndroms könnte leicht den Eindruck entstehen lassen, daß ein ganz bestimmtes Medikament – Methylphenidat (Ritalin) – das Mittel der Wahl bei Hyperaktivität ist. Dieser Eindruck sollte aber nicht entstehen, denn es gibt eine ganze Reihe von Medikamenten (ganz unterschiedlicher stofflicher Herkunft und ganz unterschiedlicher Wirkungsmechanismen), die bei Hyperaktivität wirken. Es sollte daher wirklich der Kunst Ihres Arztes überlassen bleiben, welches Medikament er für Ihr Kind auswählt und für das richtige hält.

Nach unserer Erfahrung ist es sowieso nur ein sehr kleiner Teil der hyperaktiven Kinder, die die medikamentöse Behandlung benötigen.

Tab. 2 Zusammenstellung der international gebräuchlichen Medikamente

Substanzgruppe	Einzelsubstanzen	Handelsname BR Deutschland	Schweiz	Österreich	England	USA
Amphetamine	D-L-Amphetamin	D-L-Amphet-amin	Adiparthol		Dexedrine	Benzedrine
	Methylphenidat	Ritalin	Ritalin		Ritalin	Ritalin
	Pemolin	Tradon	Stimul		Ronyl Volital	Cylert
Benzodiazepine	Chlordiazepoxid	Librium Multum Helogaphen	Librium	Librium	Librium Tropium	Librium A-Poxide
	Diazepam	Valium Diazepam Tranquase	Dialad Stezolid Valium	Psychopax Umbrium Valium	Valium Tensium Solis	Valium
Butyrophenone	Haloperidol	Haldol Eukystol Sigaperidol	Haldol	Haldol	Haldol Fortunan Serenace	Haldol
Phenothiazinderivate	Chlorpromazin Penicillamin	Megaphen Metalcaptase Trolevol	Chlorazin Distamine Mercaptyl		Largactil Distamine Pendramine	Thorazine Depen
Psychoenergetika Nootropika	Centrophenoxin Pyritinol Piracetam	Helfergin Encephabol Nootrop Normabrain	Lucidril Encephabol Nootropil	Lucidril Encephabol Nootropil		

Lieber Leser!

Wir hoffen, es ist uns gelungen, darzustellen, daß die Unruhe im Kindesalter viele Wurzeln hat, die untereinander in einer Wechselwirkung stehen. Unsere Empfehlung ist davon leicht abzuleiten:

Seien Sie wach für unruhigmachende Einflüsse in Ihrem Lebensstil.

Haben Sie Mut, dem Kind Halt, Grenzen und Ordnungsstrukturen anzubieten, in denen es seine wahre Lebendigkeit finden kann!

Sollte in Ihnen beim Lesen unseres Buches der Wunsch entstanden sein, für Ihr Kind fachkompetente Hilfe in Anspruch zu nehmen, so wenden Sie sich an eine

entwicklungsneurologische oder

sozialpädiatrische oder

kinder- und jugendpsychiatrische Einrichtung,

die üblicherweise an Kinderkliniken angegliedert sind, oder an den

BUNDESVERBAND der Elterninitiativen
zur Förderung hyperaktiver Kinder e.V.
Postfach 60
91291 Forchheim.

Dieser Verband schickt gegen einen Unkostenbeitrag Informationsmaterial und nennt Ihnen Anlaufstellen in der Nähe Ihres Wohnortes.

Fremdwörterverzeichnis

affektiv
gefühlsbetont

Aggression
Angriffsverhalten

akustisch
das Hören betreffend

Amniozentese
Fruchtwasserspiegelung

anal
den Anus betreffend (Anus lat. = After)

analysieren
zergliedern, untersuchen

Anthropologie
die Wissenschaft vom Menschen und seiner Entwicklung

archaisch
altertümlich, von den Wurzeln her

Artikulation
das Aussprechen von Lauten

Au-pair-Mädchen
(aus dem Französischen) Mädchen, das gegen Unterkunft, Verpflegung und Taschengeld als Haushaltshilfe im Ausland arbeitet, um die Sprache des betreffenden Landes zu erlernen

Autismus
psychische Störung, die sich in Kontaktangst und einem extremen Rückzug auf sich selbst äußert

Autist
ein vom Autismus Betroffener

Baby talk
(aus dem Englischen) Unterhaltung des Säuglings mit seiner Bezugsperson

Dendriten
Aussprossung der Nervenzellen

Diskriminierung
Abgrenzung, Absonderung

Egoismus
Selbstsucht, Eigenliebe

Egozentrismus
Ichbezogenheit

embryofetales Alkoholsyndrom
ein Mißbildungssyndrom, das durch überhöhten Alkoholgenuß der Mutter in der Schwangerschaft zustande kommt

emotional
gefühlsmäßig

Engramm
Erinnerungsbild; die im Zentralnervensystem hinterlassene Spur eines Reiz- oder Erlebniseindruckes

Erethismus
krankhaft gesteigerte Erregbarkeit

Ergotherapie
Beschäftigungstherapie

Ethologie
die Wissenschaft vom Verhalten der Tiere, Verhaltensforschung

Exploration
Erkundung

Flexibilität
Biegsamkeit, Anpassungfähigkeit

genetisch
die Vererbung betreffend

Gravidität
Schwerkraft

haptisch
den Tastsinn betreffend

haptischer Dialog
der über den Tastsinn erlebbare Austausch von kontaktherstellenden Lebensäußerungen

hedonistisch
dem Lustprinzip folgend

holistisch
ganzheitlich

hyperaktiv, Hyperaktivität
übermäßiger Drang zur Tätigkeit

hyperkinetisch,Hyperkinesie
übermäßiger Drang zur Bewegung

infantil
kindlich

Inkubator
Brutkasten

Intention
Zielabsicht

Intermodale Stufe
s. S. 24

Intuition
Eingebung, ahnendes Erfassen

katathym
wunschbedingt

katathymes Bilderleben
Erleben innerer Bilder, die tiefenpsychologisch Wünsche erkennen lassen

kinästhetisch
bewegungsempfindlich

Kommunikation
Verständigung untereinander

Konstitution
körperliche und seelische Verfassung

Koordination
harmonisches Zusammenwirken

Kumulation
Anhäufung

Lateralität
das Vorherrschen einer Körperseite

liberalistisch
freiheitlich

lukrativ
gewinnbringend, einträglich

Manipulation
Handhabung von etwas;
mit etwas hantieren

Marotte
Schrulle, wunderliche Neigung

minimale cerebrale Dysfunktion (MCD)
minimal gestörte Ausreifung des Gehirns

Monitor
Bildschirm

Motopädagogik
s. Psychomotorik – mit Betonung der Theorie und Praxis der Erziehung

Motoskopie
Untersuchung der Spontanmotorik

Mototherapie
s. Psychomotorik – mit Betonung der Behandlung einer krankhaften Abweichung von der normalen Entwicklung

Neurobiochemie
Lehre vom Stoffwechsel des Nervensystems

Objekt-Permanenz
Bewußtsein (Vorstellung) davon, daß Dinge bestehen unabhängig von mir – ein Begriff aus der Entwicklungspsychologie (Piaget)

oral
durch den Mund gehend (Os lat. = Mund)

Phänomen
Erscheinung

Plastizität
Formbarkeit

postpartal
nach der Geburt

pränatal
vor der Geburt

progressive Relaxation
therapeutisch angeleitete Entspannung, die sich aus einer Anspannung ergibt (Eigenname!)

Provokation
Herausforderung

Psychomotorik
ganzheitlicher Erziehungs- und Behandlungsansatz, der über Bewegung und deren Entwicklung auf die Wahrnehmung und das emotional-soziale Verhalten einwirkt

Psychopharmaka
Medikamente, die auf die Psyche wirken

Relaxation
Entspannung

Relikt
Überbleibsel

Ritual
Vorgehen nach festgelegter Ordnung (den Ritus betreffend)

Rooming-in
(aus dem Englischen) gemeint ist das Zusammensein von Mutter (Eltern) und Kind in einem Raum im Krankenhaus

selektieren
auswählen

Sensomotorik
die Verknüpfung von Sinnen und Bewegung

sensorisch
die Sinneswahrnehmung betreffend

Sequenz
Aufeinanderfolge, Folge, Reihe

seriale Stufe
s. S. 24

Sinnesmodalität
Art und Weise der Wahrnehmungsverarbeitung

Stereotypie
längerwährende Wiederholung gleichförmiger motorischer und sprachlicher Abläufe

Stimulation
Anreiz

Strategie
zielgerichtetes Vorgehen nach einem Plan

Symbiose
dichtes Zusammenleben

Synapsen
Nervenzellverknüpfungen

Transmitter
Überträgersubstanz

Traumatisierung
Verletzung

vestibulär
das Gleichgewicht betreffend

Vibration
Schwingung

visuell
das Sehen betreffend

visuomotorische Koordination
Verknüpfung der Tätigkeit von Hand und Auge

zentrifugal
vom Zentrum weg strebend

zentripetal
zum Zentrum hin gerichtet

Sachverzeichnis

Abschirmung 83
– überfürsorgliche 54
Abwehrreflex 40
Achtung 103
Aktivität, therapeutische 110 ff
– zielgerichtete 104
Alkoholsyndrom, embryofetales 47 f
Alltag, Regeln 97
– – allgemeine 100
Anamnese 90
Anpassung 104, 107
– zwischen Eltern und Kind 83
Auffälligkeit im Säuglingsalter 60
Aufgabenbereitschaft in der Gruppe 38
Aufmerksamkeit, Defizit 12
– Zersplitterung 67
Auge, langsames 10
Auge-Hand-Verknüpfung 10
Ausdauer 104, 108 f
Ausreifungsstörung, kindliches Gehirn 9
– – – Ursachen 9
Ausscheidung 31 f
Aussehen, ungesundes 48
Außenwelt 98 ff
Autismus 20, 44

Baby talk 24, 84
Bedürfnis, wahres, Kind 63
Begreifen 17, 22
Behandlung, Hyperaktivität, Elternarbeit 92 ff
– kindliche Unruhe 89 ff
– medikamentöse 113
– therapeutische Aktivität 110 ff
Beschäftigungstherapie 112
Beschützung 25
Betreuung, nicht-kindgemäße 65, 77
Bewegung 110
Bewegungsdrang, Kanalisierung 84
– ungerichteter 35
Bewegungsfähigkeit, Reife 23
Bewegungskoordination, Untersuchung 91
Bewegungssinn 10
Bewegungssteuerung, Entwicklung 14
Bewegungsunruhe, extreme 49
Bezeichnungen 9
Beziehung, gestörte 39 ff
Bezugsperson 29
Bindung 20
– Bedeutung 29
– unter Körpersinn 30
Blinzeltic 53
Brutkasten 35 ff

Dendrit 16
Denkansatz, Zuverlässigkeit 25
Denken, interdisziplinäres 49
– kombiniertes 76
diagnostische Abklärung, Hyperaktivität 89
Dialog, tonischer 21, 40
Diät 113
Disposition, angeborene 62
Drang zur Bewegung 11
– zur Tätigkeit 11
Durchsetzungskraft 32
Dysfunktion, minimale cerebrale 9 ff

Eifersucht 45
Eindeutigkeit, Erziehung 102
Einheit der Eltern 66
Elternarbeit 92 ff
– Übungen 93
Emanzipation der Mutter 66
Engramm 25
Enttäuschung 104, 109
Entwicklungspsychologie 18
Entwicklungsstand 91
Erfahrung 19
Erlebnisbereich, Wechselwirkung 21
Erlebnisfeld 15
Ernährung, diätetische 113
Ersatzsicherheit 35, 45
Erstgeborener, dekompensierter 45
Erwartung 25 f
erzieherische Unentschlossenheit 65
Erziehung, antiautoritäre 66

– autoritäre 66
– Eindeutigkeit 102
Erziehungsgabe der Eltern 37

Familientherapie, systemische 111
Festhaltetherapie 111
Förderbereich 105
Fortbewegung, Antrieb 24
– Fähigkeit 24
Fortbewegungsdrang, Steuerung 73
Freizeit, verplante 96
Fremdelphase 29 f
Fremdwörterverzeichnis 115 ff
Frühgeborenes 81
Frühgeburt, Entstehung der Unruhe 69
– unphysiologische 32
Fürsorge 40

Geborgenheit 14, 79
– Grundbedürfnis 29
– Kleinkind 84 f
– Neugeborenes 82
– Säugling 84
– in der Schwangerschaft 79
– vorgeburtliche 19
Gedeihstörung 57
Gefühl 14
Gehirn, Gewicht 16
– kindliches, Ausreifungsstörung 9
– – Plastizität 15 f
Gehirnwachstum 16
Geschlechterverteilung, Hyperaktivität 65
Gleichgewichtssinn 10
Greifen 22, 24
– zielloses 35
Grenzlosigkeit 43
Grundbedürfnis nach Geborgenheit, Sättigung 28 f
Gruppenaktivität 43

HA s. Hyperaktivität
Halt 75
– unzureichender 40 ff
Haltung und Bewegung 20
Hand, schwere 10
– Zusammenarbeit 27
Handeln, wahrnehmendes 17
Handgeschick 38
Handwerk 104
Haptik 19 f
Haß 40
Haushalt 104
Heileurhythmie 112
Heilpädagogik 112
Herrschsucht 13
Herzfehler 41
Hirnwachstum, Störungen 17
HKS s. Syndrom, hyperkinetisches
Hopsespielchen 86
Hyperaktivität 11 f
– Beginn 36
– Geschlechterverteilung 65
– unvermeidliche Formen 62
– Ursachen, diagnostische Abklärung 89
– Vorbeugung 78 f
– – Zusammenfassung 87 f
– Zusammenfassung der Störungssymptomatik 60 f
hyperkinetisches Syndrom s. Syndrom, hyperkinetisches
Hypertonus 19
Hypotonie 19

Inkubator 57
Innenverschmutzung 62
Innenwelt 102 ff
Intelligenz 91
Intelligenzmangel 47

Jahresablauf 98 f
Jungen s. Knaben

Kaspern 55, 60
Kind, Lebenslauf 90 f
– wahre Bedürfnisse 63
Kindergartenbesuch 37
Kinesiologie 112
Kitzelspielchen 86
Kleinkind, Geborgenheit 84 f
Knaben 65
Kommunikationsspiel 86
Konzentration 104, 107 f

Konzentrationsschwäche 41
Koordination, visuomotorische 10
Körpersinn 18
- und Denken 19
- Geburt 21
Krankengymnastik 112
Kuhmilchunverträglichkeit 49

Lebensenergie, unerlöste 46
Lebenslauf, Kind 90f
Leistungsfähigkeit, Grenze 38
Lernen, Grundsätze im Kleinkindalter 85
- »richtiges« 63
Liebe 110
Lob 110
Loslösung 20
- unter Denken 30
- Prozeß 31
Loslösungsversuch, erster 29
Lösung, Findung 27

MCD s. Dysfunktion, minimale cerbrale
Medikamente, international gebräuchliche 114
minimale cerebrale Dysfunktion s. Dysfunktion, minimale cerbrale
Miteinander-Ruhen 110
3-Monats-Kolik 51f
Mototherapie 112
Musiktherapie 112
Musisches 104
Mutter, Emanzipation 66
- nervöse 74
- Unzufriedenheit durch Isolation 67
Myelinisierung 16

Nachahmung 26, 84f
Nest 29
Nesthocker, primärer 32
Neugeborenes, Geborgenheit 82
Neugierde, Ausdehnung 22
- Entfaltung 14
neurologischer Status 91
Neuron 16
neurophysiologisches Modell 16ff
Nichtseßhaftigkeit 45

Objekt-Permanenz 27
Ort 100

Persönlichkeit, Grundwert 23
Phantasie 28
Phosphatüberempfindlichkeit 49f
Plastizität 15f
Psychomotorik 112
Psychotherapieformen 111

Redefluß 53, 60
Regeln im Alltag 97
- - allgemeine 100
- Einhaltung 104, 109
Regression 77
Reife, Zeitpunkt der Geburt 32
Reiten, therapeutisches 112
Reizüberflutung 62
Relaxation, progressive 112
Rhythmus, Einhaltung 104, 107
- gewohnter 52
Ritalin 50f
Ritual 100
Rooming-in 82
Rücksicht 103
Ruhe, erzwungene 39
Ruhen 110

Säugling, Geborgenheit 84
Schädelvolumen 16
Scheidung 46
Schlafstörung 36, 42
Schoß der Eltern 64
Schreien, schrilles 60
Schulreife 38
Schutz 25, 83
Schwangerschaft, Entstehung der Unruhe 68f
- komplizierte 38f
- unerwünschte 57
- verkürzte 34ff
Schwerhörigkeit 34f
Selbstbetäubung 14
Selbstkontrolle 104, 106
Selbstvertrauen 10
Selbstwahrnehmung, erstmalige 18

Selbstwertgefühl 32
Sensomotorik 18
- Ausreifung 39
Sequenz 18
Sicherheit 79
Sichtweise, holistische 15
Sinn 14
- haptischer 19 f
- Zusammenarbeit der Sinne 21, 24
Situation, komplexe 51 ff
Spiel 104
Spielsachen, Vielfalt 67
Spielunfähigkeit 48 f
Sport 104
Sprache 31
Sprachstörung 47
Status, neurologischer 91
Stoffwechselstörung 51
Streß 38, 77
- permanenter 75
Struktur, örtliche 100
- übersichtliche, Verlust 43 ff
- zeitliche 98 ff
Stufe, anal-aggressive 28
- beginnende seriale 24 f
- intermodale 24
- der intermodalen Verarbeitung 72
- der kombinierenden Verarbeitung 26 ff
- orale 28
- der schematischen Verarbeitung 72
- sensomotorische 23
- des zielgerichteten Handelns 76 ff
Symbolstufe 23
Synapse 16, 51
Syndrom, hyperaktives, Diagnose 33
- - statistische Auswertung 63
- hyperkinetisches 11 f

Tagesablauf 99
Tastempfindung 18
Terminstreß 96
Teufelskreis 62
Theraplay 112
Tiefenpsychologie 28 ff
Tolpatschigkeit 10
Tragling 32
Transmitter 51
Transmitterentwicklung 77
Treppen 10
Trotz 31
Trotzphase 64
Tun, unberechenbares 74
Tyrann, kleiner 13

Überbehütung 55
Überlegenheit, Verlust 45
Überträgersubstanz, Synapse 51
Umbruch der Werte 67
Umtriebigkeit 12
Umwelt 19
Umweltverschmutzung 62
Unentschlossenheit, erzieherische 65
Ungeschicklichkeit 10
Unlustäußerung 60
Unruhe, Beginn 33
- Dauer 33
- Entstehung 68 ff
- Entstehungszeitpunkt 64, 90
- kindliche, Behandlung 89 ff
- - krankhafte Formen 33 f
- motorische 37
- Ursachen 34 ff
- wachsende, Hauptursache 63
Untersuchung 89, 91
- motoskopische 91
Unwesentliches 15
Unzufriedenheit der Mutter durch Isolation 67
Urgeborgenheit 23
Ursachen, Hyperaktivität 89
Urvertrauen 18, 21

Verantwortung 103
Verarbeitung, Art 22
- kombinierende, Verlust von übersichtlichen Strukturen 43 ff
Verhaltensbiologie 32
Verhaltenstherapie 111 f
Verinnerlichung 102
Verlust von Angehörigen 44
Versteckspielchen 85

Vorbeugung 78 f
– Hyperaktivität, Zusammenfassung 87 f
Vorsätze für den Tag 110

Wahrnehmung, aktive 16
– konzentrierte 24
– verzerrte 77
Wahrnehmungsstörung, vestibulär-kinästhetische 10
Werfen, zielloses 35
Werkzeugdenken 26 f
Werteumbruch 67
Wesentliches 15
Wiederholung 18, 73, 85
Wiegespielchen 85 f
Witzbold 58
Wochenablauf 99

Zeit 98 ff
Zusammenhang, Verinnerlichung 27